U0516802

中华经典
素读教程

陈 琴 编著

中华书局

图书在版编目(CIP)数据

中华经典素读教程/陈琴编著. —北京:中华书局,2014.6
ISBN 978 - 7 - 101 - 09819 - 8

Ⅰ. 中…　Ⅱ. 陈…　Ⅲ. 中华文化 - 中小学 - 课外读物
Ⅳ. G634.303

中国版本图书馆 CIP 数据核字(2013)第 259710 号

书　　　名　中华经典素读教程
编 著 者　陈　琴
责任编辑　祝安顺
出版发行　中华书局
　　　　　　（北京市丰台区太平桥西里 38 号　100073）
　　　　　　http://www.zhbc.com.cn
　　　　　　E-mail:zhbc@zhbc.com.cn
印　　　刷　北京天来印务有限公司
版　　　次　2014 年 6 月北京第 1 版
　　　　　　2014 年 6 月北京第 1 次印刷
规　　　格　开本/630×960 毫米　1/16
　　　　　　印张12¼　字数 120 千字
印　　　数　1 - 5000 册
国际书号　ISBN 978 - 7 - 101 - 09819 - 8
定　　　价　198.00 元

出版说明

　　语文特级教师陈琴在课堂教学一线经过长期摸索和实践，形成了独特的经典素读教学模式。从 2011 年以来，我局已经出版了《经典即人生：文字是修正灵魂的良药（附 3DVD）》、《中华经典素读本》（全 12 册）、《中华经典素读本 720 课配套朗诵＋吟诵》（24CD）。为了让更多老师和家长们系统性地掌握经典素读的精髓，我们重新汇集、编撰制作了这套集音像（6DVD+1MP3+1CD）、图书于一体的立体教程——《中华经典素读教程》。

　　本教程由音像和图书两部分组成。音像部分汇集了陈琴多年经典素读课堂教学实践经验之精华，主要包含 9 个部分：（1）中华经典素读教学法综述；（2）中华经典素读教学公开课；（3）中华经典素读教学常规课；（4）中华经典素读晨读过程与方法；（5）中华经典素读教学成果展示；（6）中华经典素读课外风采、亲子共读；（7）中华经典素读教学师资成长营实践汇报；（8）陈琴吟诵、朗诵集粹；（9）陈琴吟诵精选。其中陈琴吟诵、朗诵集粹中的录音作品，是陈琴在多年日常教学过程中用录音软件、录音笔录制而成，部分诗文陈琴用不同的调式进行过多次吟诵，在调式、感情上会有所差异，编者选择性地加以保留，以便读者能更加深入体会吟诵调式与感情变化的关系。另外，我们将其中 33 首单独挑选出来刻录成一张精选 CD 光盘，可以在多种媒体播放器播放。

图书部分包括中华经典素读教学指南、中华经典素读教学问答两部分：教学指南根据陈琴老师历次报告内容整理而成，全面介绍了经典素读教学法的缘起、依据、必要性、重要性、教学总体目标、教学原则、分层教学实施措施、教学模式、精彩案例及具体方法论等；教学问答根据陈琴老师对老师们的代表性问题的答疑整理而成。两部分内容有重复的地方，为照顾两部分各自体系的完整性，都予以保留。

本套教程的出版还得到了中央电视台、广东卫视等媒体，以及全国经典素读众多一线老师的大力支持，在此一并表示感谢！

中华书局编辑部

2014 年 4 月

目 录

下 编 中华经典素读教学法问答

上　编　　中华经典素读教学指南

·陈琴和孩子们一起快乐"素读"

一、经典素读教学法概述

❀ 何为素读

素读是日本人（七田真、加藤荣一等学者）对中国两千多年的私塾教学法的定义：

> 素读就是不追求理解所读内容的含义，只是纯粹地读。明治以前的日本教育方法中有一种就是这样按字面来教孩子素读中国的"四书五经"的。（七田真语）
>
> 素读就是要大量的死记硬背，是使脑子变聪明的方法。（加藤荣一语）

不追求所读内容的深刻含义，只是纯粹地读。目的是求记诵，求熟练。这种方法适于诵读经典作品，提倡在人生记忆的黄金时期只求诵读求熟记，不做深入的解读。

我们现在公认犹太教育是世界上最成功的教育，许多致力于研究其成功秘笈的学者都指出，犹太人的成功教育法则，其中重要的一条就是少儿时期的经典素读训练。素读法直到今天依然是犹太人早期教育的主要手段。他们的孩子从三岁开始就要接受每天 6 ~ 10 小时的教育活动，其中经典素读是这个时期的重要课程。

❀ 经典素读教学法简述

所谓经典素读教学法，就是选择本民族以及人类历史上所公认的经典读本为教材，尽量剔除源自于教师本人之"望文生义"的诠释，只作适当的字面对译，目的在于把经典文本以反复诵读的方式烂熟于心，通过反复诵读获得积淀经典的童子功，以求它日的厚积薄发之效。

经典素读的核心价值在于积淀，不在于近期的考核。

❀ 经典素读课程设置

素读课程谨守亘古不变的母语教学之问：教什么？怎么教？如何评估？素读课程选择古今中外人文学科里最有分量的文本作为语文学科中的诵读教材，凸显其不可替代的课程意义。素读课程需分年段、有步骤、有定量、有目标、常态化，其目的是让学生通过六年的经典素读训练可形成"背诵十万字，读破百部书，能写千万言"的读写能力，并积淀丰厚的人文素养。

❀ 素读与现今课堂读法的不同

其一，旧时的素读，追求以记诵为目的；今天的读法：蜻蜓点水般，雁过无痕，翻过千万卷，却没有读破一本书。

其二，旧时私塾里的诵读本都是文质兼美的典范文献——经典，适宜储存；今天入选小学课本的大多数文章都是没有理解坡度的白话文，因而不必背诵。

素读的积累和阅读的积累是不一样的，素读积累更以背诵为目的。

母语教学或语言教学的特质是需要大量诵读乃至记诵。

针对一篇经典文章，学习目标虽然可以从多个层面定位，比如：1. 理解；2. 赏析；3. 感悟意境；4. 概述大意；5. 生发多种讨论的话题……但对学习者而言，文史类的文本学习最为重要的其实只有一个：诵读乃至记诵。而几十年来的教学模式恰恰把最重要的环节省略了，从小学到大学，学生对母语中的经典文本的记诵量可以忽略不计，这是导致母语文化严重滑坡的致命点。

二、经典素读课程分层教学实施措施

❀ 基本操作方法

大经典，同并进；放声读，能成诵；

重记忆，轻讲解；诵新篇，常温故。

❀ 指导思想

先厚积，先输入；后薄发，后输出。

❀ 六年整体规划目标

背诵十万字，读破百部书，能写千万言。

小学语文阶段的整体教学规划：

本着为学生的终生发展着想，在不影响现行教材的使用和不增加学生负担的前提下，把孩子在小学六年里的语文学习分为三个阶段，对六年里每个学年的学习内容重新量化：

一二年级识字量达 2000 字以上，每天阅读 500 字左右，两年的阅读量在 20 万字以上；

三四年级再识字 1500 个以上，每天阅读 3000 字左右，两年阅读量在 100 万字以上，读书笔记 7 万字以上；

五六年级每天阅读 6000 字左右，两年阅读量在 200 万字以上，读书笔记为 10 万字左右。

经过实际量化，每个孩子每天坚持背诵 100 字左右的文段，一学年除去节假日，每个孩子按在校日 180 天计算，六年就可背诵 10 万多字的文章。这是按最低的标准计算的，学生一般都是可以做到的。

❀ 素读课程的层次性、序列性

经典素读的层次性：

儿歌、童谣精读 ➡ 蒙学精读 ➡ 哲史精读 ➡ 诗文精读

素读课程的序列问题：

素读内容由韵文和短小的诗词开始，渐次推进到各种典籍。大致这样安排：

一年级突破 3000 字左右的识字量，二年级起自主阅读高品质的读本，三年级开始独立写作，四至六年级提升思辨能力。

低年段：童谣、儿歌、蒙学读本，辅以绘本童话阅读；

中年段：诗词、经典散文及"经"中的《大学》《中庸》《论语》《孟子》《庄子》《老子》等，辅以大量其他经典名著的阅读；

高年段：《易经》、史册中的名篇、诸子百家的名论等，辅以大量其他名著的阅读。

❀ 各年段的素读课程安排

年　级	课程安排
一年级上学期	《三字经》、《百家姓》、《千字文》、《弟子规》、《声律启蒙》
一年级下学期	唐诗 88 首、宋词 41 首、元曲 9 首
二年级上学期	《幼学琼林》节选、《孝经》
二年级下学期	《诗经·国风》73 首、《诗经·小雅》15 首
三年级上学期	《论语》（学而篇到先进篇）
三年级下学期	《论语》（先进篇到尧曰篇）
四年级上学期	《大学》、《中庸》、《礼记》节选

（附表）

四年级下学期	《尚书》节选、《周易·系辞上》、《左传》节选、《孟子》节选
五年级上学期	《道德经》、《庄子·内篇》节选、《列子·汤问》节选
五年级下学期	《管子·弟子职》、《孙子兵法》节选、《墨子》节选、《荀子》节选、《韩非子》节选
六年级上学期	中华美文先秦到隋段 37 篇
六年级下学期	中华美文唐到清段 39 篇

❀ 素读课程的理性化、情致化

课程内容理性化：

课程内容设置遵循文化传承、教育发展的原则。

课程目标理性化：

确定诵读的量：字数、篇幅、必背与选背；

确定诵读的核心价值：在积淀，不在近期考核；

不求人人并进，允许点面的参差。

课程教学情致化：

音乐感；成功感。

❀ 经典素读的课堂诵读方法

朗读、表演读、吟诵等。

❀ 经典素读的读练法则

经典素读的读练法则：求略懂；求量变；求熟记；求自悟。

"熟读"点拨法

"熟读"的标准："使其言皆若出于吾之口。"

1. 领读正音正调。做到朱熹读书法的"四不"：不可误一字，不可少一字，不可多一字，不可倒一字。

2. 速读熟练口齿。慢读以求准，速读以求畅。矫正学生口笨舌拙的唯一途径，便是速读。记诵就是使学生的诵读由"准"而"熟"，由"熟"而"快"，臻于朱熹所谓"使其言皆若出于吾之口"的境界。

3．通读悟文意。对全文（或全段）的诵读，有利于对全文（或全段）语境的整体把握，是理解局部文意的必要前提。

4．译读破难解疑。边译边读，随读随译，对古今异义、词类活用、特殊句式逐步扫清障碍，破难解疑，以利理解记忆。

5．竞读振气造势。口乏神倦之际，不妨在组与组或人与人之间，以接力读、轮读流、测试读展开竞赛。书声琅琅，钟鸣鼓震，遂使昂扬之气重振，热烈之势再呈。

6．标读强化记忆。所谓标读，即是在熟读基础上进行的有提示的诵读。具体分为两种：其一为词语标读，即摘取原文字词做板书，以辅助学生连贯背诵课文，借以强化机械记忆。其二为文意标读，即提炼原文主要内容做板书，以深化学生理解记忆。

教给学生读懂经典的方法：

1．译文原文对照读；

2．有兴趣地读——借助吟诵、故事；

3．不断复习、反复吟诵。

❀ 练习背诵的方法

课堂上可运用前人和当代科学记忆法则，比如镂空法、点面具象提示法以及他人暗示法等练习背诵，锻炼孩子的记诵能力。

镂空强记法：

给孩子们一个镂空的原文样式，让他们来填写，他们就会很喜欢，跃跃欲试。将相对的内容镂空让他填，那么他就会记住了，熟读成诵，过目不忘。比如给学生这个记忆法，全部读完《老子》以后，81章就是81个纸片，学生一辈子都会记得。

……歙之，必固……将欲……强之；将欲……兴之；将欲……

与之。

又如《千字文》镂空记忆式读法：
﹡ ﹡ ﹡ ﹡ ﹡ ﹡ ﹡ ﹡

> 天地……宇宙……日月……辰宿……
>
> 寒来……秋收……闰馀……律吕……
>
> 云腾……露结……金生……玉出……剑号……

❀ 培养素读的恒力和耐力

经典素读的训练不需要过于微格的指导，贵在坚持，难以速成。但只要巧妙地利用好零碎的时间，组织好有趣的形式，每个孩子每天坚持背诵 100 字左右的文段，早读 10 分钟，下午 10 分钟，有时是语文课挪出 5 到 10 分钟，坚持五六年，奇迹就发生了。一学年除去节假日，每个孩子按在校日为 180 天计算，六年就可背诵 10 万多字的文章；这还是最低的估算！假如所背诵的文字都是经得起历史考验的文本，试想一下，这烂熟于心的 10 万字对一个人的影响会是怎样的呢？谁能估量！而此外如果能再引导孩子平均每天阅读 5000 字左右的文选，一学年就是 90 万字左右的阅读量，六年就是 500 万字以上的阅读量。

素读有量日日清：每日 100 字左右。

凡是要背诵的文字还是在校内清为好。一本书，坚持每天几行，一学期总能背会了。化整为零，寒暑不辍，日有所诵，集腋成裘。

每天二十分钟：日不间断，日有所诵，日有所记。

每个学生都有素读记录本，把每天要背诵的内容以镂空的方式摘抄下来，每天用零碎的时间复习、自查，也方便同学或老师抽查。如：

> 九三曰："君子终日……"何谓也？子曰："君子进德……
>
> 忠信……修辞……知至至之……知终终之……是故，居上位……
>
> 在下位……故乾乾……虽危……"

贵在坚持，重在复习：螺旋式上升，诵新篇，不忘温故章。

每次要回头复习前几天的内容，再开始读新的内容。坚持的力量是无穷的。滴水穿石，积跬步以至千里，真理亘古不变。《老子》说得更好："慎终如始，则无败事。"开始的谨慎一直贯彻整个过程，才会有完满的功效。飘风不终朝，骤雨不终日，任何事情仅凭一时的热情是不可能持久的。其实，要背下几部书是一件宏大的艰巨的工程，但要是有方法，就不会成为苦役。坚持就是好方法。对世界上任何一门艺术的精通都是坚持的结果。

❈ 经典素读与课外的海量阅读齐步走

素读与"海量阅读"双轨并行，课内强化素读功，课外推行自主式的海量阅读，把题海课变成课外阅读课。

素读靠课内，诵读的功课最好在学校完成，集体诵读对孩子有加持力，更易于记诵。

阅读靠课外，素读之外重广博，素读与广泛的阅读同时并进。

教师参与指导的课外阅读效果会更好。培养孩子们的课外阅读习惯，各种奖励措施都侧重于阅读；对每天的阅读也要有一定的预设量，可设计阅读跟踪表，定时定量，每天坚持；要家长参与，这对孩子是一个最好的鼓励和鞭策。

❈ 指导快速阅读

三四年级专门开设快速阅读指导法，与素读相配套，因此孩子们能快速读破百部书——有分量的百部书。

如何指导学生快速阅读？

1. 浏览法。浏览法能扩大视野，丰富知识。有些文章，不需深钻细研，有些书只需要知道个大概内容即可；有些书只需从中选择一些有用的资料而已。这时候阅读的主要方式是浏览。

2. 扫读法。扫读法，就是一种面式阅读法。它要求一眼要看几整行文字，抓住所读文章的系统和脉络，寻求所需的内容。

3．跳读法。跳读是在阅读中，有意识地跳过一些无关紧要的句段或篇章，而抓住读物的关键性材料的速读方法。

4．寻读法。寻读是从某些特定内容的书目中，迅速摄取自己所需要的资料的一种速读方法。

5．猜读法。猜读法，又叫悬测读书法，就是阅读一本书之前，看前文，先做预想猜测，然后将后文的实际内容与猜想的内容作比较的一种阅读方法。

❀ 教师是经典素读的引路人

老师的引领很重要，没有老师的引领就不可能有学生高品位的阅读。

六经注我，始得学富五车；我注六经，方显才高八斗。做一个读书的教师，是给予学生最大的福荫。

❀ 利用班级的优势开展活泼的素读课

仅仅有伟大的目标是不能持久地保持行动力的，还必须有快乐。素读在今天其实可以做到"素"而不苦，"素"而不闷。

利用班级的优势开展各种活泼的素读形式，效果会更好。

集体分组巡回接力读、分组顶针读

以《三字经》《弟子规》《千字文》《声律启蒙》等韵文为主的诵读内容，最好是采用分组巡回接力的形式。这种形式比独个儿的诵读有趣，也容易记。

分组接力读——

①天地玄黄　宇宙洪荒

②日月盈昃　辰宿列张

③寒来暑往　秋收冬藏

④闰馀成岁　律吕调阳

①云腾致雨 露结为霜

②金生丽水 玉出昆冈

③剑号巨阙 珠称夜光

④果珍李柰 菜重芥姜

三四遍之后，就能背诵了。也可以采用递进式的推进法，我们称为顶针式，学生也很喜欢。比如：

分组顶针读——

①海咸河淡 鳞潜羽翔

②鳞潜羽翔 龙师火帝

③龙师火帝 鸟官人皇

④鸟官人皇 始制文字

①始制文字 乃服衣裳……

接力读、顶针读，让学生注意力高度集中，并且始终处于一种比赛状态中，熟练之后，就可以拍手读、擂台读、击打节奏式读、歌吟式读等游戏激发乐趣。这类游戏简单却能激发孩子的好胜心。

分角色朗读

长诗或长文可用分角色朗读的办法。

比如，《春江花月夜》是一首长诗，250多个字，如果按照一般的读法，学生会很烦闷，而且容易乱，前后会颠倒。如果是独个儿自己练习背诵，过一段时间你又会忘记了。但是，一开始就设置好人物角色，有的领背，有的和声，有的唱，就不一样了，不仅有趣，还不会错乱。

长诗设计为对白似的表演形式——

　　　　春江花月夜　　　〔唐〕张若虚

（男领）春江潮水连海平，海上明月共潮生。

（女领）滟滟随波千万里，何处春江无月明。

（齐：快板式）江流宛转绕芳甸……皎皎空中孤月轮。

（男领）江畔何人初见月? 江月何年初照人?

（男女快板式）人生代代无穷已……青枫浦上不胜愁。

（男领）谁家今夜扁舟子? 何处相思明月楼?

（女生深情地）可怜楼上月徘徊，应照离人妆镜台。

（男生长叹式）玉户帘中卷不去，捣衣砧上拂还来。

（女：悄声地）此时相望不相闻，愿逐月华流照君。

（男：骤然高起）鸿雁长飞光不度，鱼龙潜跃水成文。

（女深情地）昨夜闲潭梦落花（男和——梦—落—花），可怜春半不还家（男和——不还家）。

（齐：慢）江水流春去欲尽……碣石潇湘无限路。

（唱）不知乘月几人归，落月摇情满江树。

（吟诵参见音像 MP3 陈琴吟诵、朗诵集粹）

变换节奏，唱和相趣——

（领）唐僧骑马咚那个咚

（和）（咚，咚! 唐僧呀骑马呀，咚那个咚!）

（领）后面跟着孙悟空

（和）嘻嘻，孙悟空! 后面! 跟着! 跟着! ……

（领）孙悟空，跑得快!

（和）呵呵，跑得快! 跑得快!

（领）后面跟着个猪八戒

（和）哈哈，猪八戒呀猪八戒!

……

（参见音像教程中华经典素读教学理论与实践中吟诵示范）

学生有了自己的角色台词，就再也不会忘词了。

吟诵

近体诗和词，最好用吟诵的方式。先教给学生一点格律知识，分清平仄。他们掌握方法后，也会自己独创吟诵的方式。当然，也不是每一首诗词都要通篇吟唱，也可以设计其中的一两句增加点趣味就行。

长安遇冯著（领读） 韦应物（和声——韦应物）

（领）客从东方来，衣上灞陵雨。（和——哦，灞陵雨呀！）

（领）问客何为来？（和——何为来呀？）采山因买斧。（齐：噢，采山因买斧！）

（领）冥冥花正开，飏飏燕新乳。（和——花正开呀，燕新乳！）

（领）昨别今已春，鬓丝生几缕？（和——唉，鬓丝生几缕？）

（齐唱——昨别今已春，鬓丝生几缕？唉，鬓丝生几缕？）

（参见音像教程中华经典素读教学理论与实践中吟诵示范）

剧目导读法

纯文言的文体可以用"导读"法。比如《老子》《孟子》《论语》《大学》《中庸》等等，我就用课件设计为"剧目导读"。

听读、听录音

熟听能读、熟读能诵。"听读"，是最好的复习和熟悉方式。可把很多诵读的内容先录下来变成 MP3 的格式，用电脑接上音响反复播放。包括学生的诵读也可以这样录制，让他们带回家去听。家长们在家也可以这样教孩子，把孩子每次的跟读录下来，他自己会百听不厌。反复听的目的是为了反复读。曾国藩说：人生有三乐，读书声出金石，一乐也。读到这种境地，就没有什么记不住的文字了。

❀ 经典素读课程的评价

评价组织形式：

1. 集体诵读、家庭跟进；

2. 个别跟踪：考评、诵读录像、刻录光盘；

3．评价激励：年背。
* * * * * *

有鼓励才会有动力，细节是必不可少的。

要有相应的评价，培养学生的素读情怀。为了鼓励学生，可定期举行诵读会，并请家长参加，把这种活动拍摄下来做记录。

每读一本书，都要有相应的跟踪表，设计好每天的素读量，有家长签名，学生自评。

让孩子们自己结成读书伙伴，互相鼓励。

奖品也很管用，甚至分数也是必要的。比如，孩子读过的每本书一段段的文字中有老师签名的满分，对孩子就是极好的鼓励。

素读测评卷范例：

永兴二（1）班2012学年上期语文期末检测卷　B卷（素读测评卷）

姓名：　　　　　　学号：　　　　　　得分：

一、请按照相应的内容补充诗句并连线（20分）：

＿＿＿＿＿＿＿，幽人应未眠。　　　　《秋夜寄邱员外》韦应物

＿＿＿＿＿＿＿，浪淘尽，＿＿＿＿＿＿＿。《念奴娇·赤壁怀古》苏轼

＿＿＿＿＿＿＿，英雄无觅，孙仲谋处。《永遇乐·京口北固亭怀古》辛弃疾

来如雷霆收震怒，罢如江海凝清光。　　《长恨歌》白居易

＿＿＿＿＿＿＿，秋雨梧桐叶落时。《观公孙大娘弟子舞剑器行·并序》杜甫

三日入厨下，洗手作羹汤。　　　　　《何满子》张祜

欲得周郎顾，时时误拂弦。　　　　　《新嫁娘》王建

＿＿＿＿＿＿＿，双泪落君前。　　　《听筝》李端

功盖三分国，＿＿＿＿＿＿＿。　　　《终南望馀雪》祖咏

林表明霁色，城中增暮寒。　　　　　《八阵图》杜甫

＿＿＿＿＿＿＿，须尽丘壑美。　　　《送崔九》裴迪

绿蚁新醅酒，＿＿＿＿＿＿＿。　　　《渡汉江》李频

寥落古行宫，宫花寂寞红。　　　　　《哥舒歌》西鄙人

近乡情更怯，＿＿＿＿＿＿＿＿。　　　《行宫》元稹

＿＿＿＿＿＿＿＿，哥舒夜带刀。　　　《问刘十九》白居易

鹫翎金仆姑，燕尾绣蝥弧。　　　　　《白雪歌送武判官归京》岑参

轮台东门送君去，＿＿＿＿＿＿＿＿。　《塞下曲·其一》卢纶

半壁见海日，空中闻天鸡。　　　　　《梦游天姥吟留别》李白

轮台九月风夜吼，一川碎石大如斗。　《走马川行奉送大夫出师西征》岑参

二、下列词句是出自哪一篇文章，请完成填空，并把序号填入（　）里：（20分）

A.《千字文》　　　B.《大学》　　　C.《滕王阁序》　　　D.《愚公移山》

E.《蜀鄙二僧》　　　F.《小石潭记》

1. ＿＿＿＿＿＿＿＿，虚堂习听。（　）

2. ＿＿＿＿＿＿＿＿，逐物意移。（　）

3. 天下事有难易乎？＿＿＿＿＿＿＿＿，则难者亦易矣；＿＿＿＿＿＿＿＿，则易者亦难矣。（　）

4. 隔篁竹，＿＿＿＿＿＿＿＿，如鸣佩环，＿＿＿＿＿＿＿＿。（　）

5. 以其境过清，＿＿＿＿＿＿＿＿，乃记之而去。（　）

6. 虽我之死，有子存焉；＿＿＿＿＿＿＿＿，＿＿＿＿＿＿＿＿，＿＿＿＿＿＿＿＿；子子孙孙无穷匮也。（　）

7. 十旬休假，＿＿＿＿＿＿＿＿，千里逢迎，＿＿＿＿＿＿＿＿。（　）

8. 落霞与孤鹜齐飞，＿＿＿＿＿＿＿＿。（　）

9. 一家仁，一国兴仁；＿＿＿＿＿＿＿＿，＿＿＿＿＿＿＿＿；一人贪戾，一国作乱。（　）

10. ＿＿＿＿＿＿＿＿，＿＿＿＿＿＿＿＿，知所先后，则近道矣。（　）

三、下列《诗经》中哪些诗句被《大学》引用过？把序号填在"＿＿"上（10分）

1. 乐只君子，民之父母。（《诗经·小雅·南山有台》）

2. 仪监于殷，峻命不易。（《诗经·大雅·文王》）

3. 羔羊之皮，素丝五紽。（《诗经·召南·羔羊》）

4. 邦畿千里，惟民所止。（《诗经·商颂·玄鸟》）

5. 於戏，前王不忘。 （《诗经·周颂·烈文》）

6. 彼黍离离，彼稷之苗。（《诗经·王风·黍离》）

7. 周虽旧邦，其命维新。（《诗经·大雅·文王》）

8. 采采卷耳，不盈顷筐。（《诗经·周南·卷耳》）

9. 其仪不忒，正是四国。（《诗经·曹风·鸤鸠》）

在《大学》中被引用过的诗句是（把序号写在"___"上）：

_____

❀ 素读实验班课程安排范例

素读实验班课程安排

1. 上午以诵读、阅读、数学、英语为主；下午以游艺为主。

2. 每天固定 20 分钟静息时间，30 分钟练字时间，40 分钟习琴时间，一小时体育活动时间。

3. 周五下午一小时亲子共读时间。

课程表

时 间	周一	周二	周三	周四	周五
上午（7：50-11：30）					
第一节 7：50-8：50	诵读	诵读	诵读	诵读	诵读
第二节 8：55-9：35	读写	读写	读写	读写	读写
课间操 9：40-10：00					
第三节 10：10-10：50	数学	数学	数学	数学	数学

（附表）

第四节 10：55-11：30	趣味英语	自主阅读	趣味英语	自主阅读	趣味英语
中饭、午休（11：35-13：30）下午授课（14：00-17：15）					
第一节 14：00-14：20	静息				
第二节 14：20-14：50	习字				
第三节 14：55-15：55	琴课	美术	科学	外围课程	陶艺
第四节 16：00-16：30	诵读	诵读	诵读	诵读	诵读
第五节 16：35-17：15	体育课程				
晚上（18：30-19：40）					
18：30-19：00	习琴				
19：05-19：40	晚自习				

（本课程表为寄宿制小学的课程表，非寄宿制学校可参考制定适合本校的课程表）

三、现行教材处理与化解考试压力

❀ 教材的有效处理——变革课堂结构和课程结构

对现行教材有效处理的方法：变革课堂结构和课程结构。

❀ 如何处理素读与教材的关系

对于素读内容与教材的处理，可采取这样的策略：

其一，课文是范例，积累靠经典。技巧在课内，容量在课外；

其二，先读书，后作文。阅读提前，写作押后。

❀ 素读课程时间如何安排

素读课程如何进课堂？首先面临的是课程时间问题，这需要变革课堂结构和课程结构——对当前的教材教法做深入改革，以提升学生能量为目标，通过大量诵读的训练达到学生自己学会通用教材中的内容，课时数尽量减少。

素读时间哪里来？

1. 早读：每周用四天早读各 20 分钟，扎扎实实地读；

2. 语文课：中低年段每周基本上用两节课，高年段一节课；

3. 作业时间：每晚诵读 20 分钟。

（一年突破识字常量，为独立阅读提供条件。）

一周课时如何安排？

有计划有步骤地安排课时，复杂的程序也会简单化。

低年段一周课时安排举例：

低年级一周九节语文课，可这样分配：一节自由阅读课，一节经典诵读课，一节练字课，一节趣味语文课（通过有趣的游戏纠正错别字、修改作文中的病句、趣味文字和文段的赏析等），三节精读课，两节略读课或练习。每天早上 20 分钟早读。

这样的安排，学生也乐于接受。

也可这样灵活安排：两节演讲课，两节课专门做思维训练（如成语接龙），两节课诵读，三节课上课本课文。每天早上 20 分钟早读。

高年段一周课时安排举例：

高年级一周七节语文课：一节经典诵读课，一节课外阅读课，一节习作宣读课，四节语文教材课，平均两课时上完一篇课文，也可一课时上两三篇甚至整个单元的课。每天早上 20 分钟早读。

当孩子大量阅读之后，读教材那些文字已经没有任何障碍了，教材只能用作读写的范例，用作考试的参考书。

❀ 语文通用教材用法模式

课前学，课中练。

对教材采用"课前学——课中练"的方式。

一是课前学，二是师生评讲课文特色，三是通背课文。

课前学

1. 内容熟悉，低年级五分钟预习练习，中高年级十分钟预习练习；

2. 熟读课文。

让学生养成预习的习惯。学习是三个过程：预习、教学过程、复习。所以在一年级的时候，让孩子养成预习的习惯，孩子会受益终身，这一点非常重要。

每年的寒暑假可通知学生提前读语文教材书，只负责读，有的孩子也会提前把教材里的生字写一遍。这等于就是预习。

课中练

字词过关：

1. 每一课规定写的字要过关，在课堂上完成；

2. 书写过关。

常识练习：

1. 简答题：精确到位。

2. 修辞法则：明确概念；例举练习，举一反三。

3. 阅读题：规范答题。

正式上课时，就直接突破重点和难点，避免漫谈无度，主要练习朗读，直至通背整篇课文。少讲多读。语文素养，是读出来的，不是老师讲出来的。

❀ 课前自学三层面与思维导图法

思维导图，原本是上世纪被广泛用于记忆训练的一种方式，现在则是各个领域都在应用。用于经典的记忆训练中，对课文的解读以及写作教学确实极有裨益。

课前自学三个层面

课前根据老师教给学生的预习导图，从三个层面来熟悉课文：①写什么——内容追问；②怎样写——对叙述章法谋篇的揣摩；③知识点——对修辞句法及精彩片段的研读。

$$
课前自学三个层面\left\{\begin{array}{l}写什么——内容层面\\怎样写——辞采章句谋篇\\知识点——修辞句法片段\end{array}\right.
$$

教给学生课前自学方法，以简易的预习导图辅助自学（写什么、怎么写的、知识点），吃透教材。

课后作业不做任何功课，要求晚上读熟，然后按照思维导图做出来。自学方法、自学能力教给他，孩子们基本上能够朝这三个方面把一篇文章读透。

学前已经学得很熟练了，第二天就把重要的问题拿出来讨论，15分钟交流，剩下 20 分钟可以大家一起来读书、背书，背熟就可以了。

❀ 明确年段目标

教学有序：

给所有的教学环节安排好一个进展的时序，才不至于失序。教学有序，才能不陷入慌乱。

明确年段目标，抓好基础（三个能力）：

低年段抓书写能力；

中年段抓概述能力（口语表达能力）；

高年段抓作文能力及对各种题型的应答能力。

整个小学阶段，阅读之外无难点。所谓的难点就是各年段的训练重点，各个击破，逐一落实，坚持不懈，夯实六年的教材双基。

❀ 如何化解考试压力

分数问题不可回避，如何省力高效化解考试压力？

把整个小学的教材和教学目标熟透，适当取舍。

六年小学该学到的语文知识可大致分成四大模块 14 个基础点：

第一模块：1. 汉语拼音；2. 识字量；3. 要掌握的基本词语；4. 会正确书写；

第二模块：5. 认识并运用几种常见的标点符号；6. 会变换几种简单的句式；7. 会辨别几种简单的病句；8. 懂得比喻、排比、夸张、拟人等几种修辞手法；

第三模块：9. 会写一段话的主要内容；10. 会写一篇文章的主要内容；11. 学习缩写；

第四模块：12. 低年级学写几句简单的话；13. 中年级会写一段有中心内容的话；14. 高年级会写 400 字左右的作文。

六年的时间里只要把这四大模块 14 项训练点落实了，学生考试是不成问题的。

适当辅以试卷练习：

不要养成一种为考试而读书的心理，但学会应付考试是必要的。

期末两周抓考试，不诵读，全力应考。期末考试前用 6 张试卷做专项训练，3 张在课堂带着学生做，3 张自测，加上教研员给的一张测试卷。

1. 每个单元有一到两份课堂上练习的试卷；

2. 期末考试前有字、词、句及阅读专题的试卷练习，掌握知识重点，突破难点——各种题型熟悉一下是有必要的。

3. 有选择地做教辅资料题；

4. 设置纠错小记录本。

允许个别孩子慢一拍!

巧练答题能力：

练也有巧练之法，不必靠海量的练习。难点的题型集中精力练十次左右，训练学生回答各类题目的能力。

比如阅读题的训练，可把每篇课文教师参考用书中要重点分析的句子拿出来当作简答题训练，一是有参考的尺度，二是更接近考点。从三个角度教孩子答题方法，教会孩子全面思考方式：1.解读原句，知道这个句子的句式特点、修辞手法；2.分析这个句子的基本含义，它在文中的价值；3.了解作者借这个句子所表达的思想情感。在此基础上，再来扣题——联系生活实际，阐述读者的观点，说出自己的体会。

四、读写能力培养

❀ 识字写字

新课标把识字教学重点放在了小学一、二年级，这是科学合理的举措。

有具体目标的引领才会在教学中避免眉毛胡子一把抓的盲目性。一年级上学期，目标定位是"识字"为主，写字为辅。

识字：诵读中自觉熟知文字的音、形、义。

识字教学，并非要按教材的进度不可。明清之前的蒙学读本都是孩子们喜爱的识字教材。把《三字经》《百家姓》《千字文》《弟子规》《千家诗》这类的诗词韵文念熟背熟，通用的汉字就掌握了。不追求讲解的精深透彻，让学生有足够的诵读时间，自主自觉地熟知文字的音、形、义。因此，一两年时间就可以认识大量的汉字，为拓展阅读提供条件。

汉字的智和趣来源何处呢？在"六书"！每个汉字都包含着某种道理或经验（故事），识字多的人知识也多。

拼音也要整体地教，效果反而好。

书写：保持书写的兴趣。

一年级上学期的书写也不能全面狠抓，对一些手腕力度够，有书写启蒙的孩子要多鼓励他们写，展示他们的书写能力，保持他们书写的兴趣，而有些孩子，没有接受过学前的握笔训练，甚至从来没写过字的，如果一开始就要求写得像模像样，起落笔锋都能突显，那是很困难的，所以要区别对待，给他的时间慢慢成长。

❀ 写作能力

先输入，后输出：

作文能力不是靠老师的说教或批改形成的，而是大量阅读后自然生发的。作文可以点拨，却不能逐字逐句地教。所有作文教学秘诀能实现最终取决于写作者本人的阅读量。阅读量大而不会写作的孩子是极少数，并且可以通过点拨得以提升，但阅读量不足的孩子是绝对无法提升写作能力的。

就作文和读书的关系而言，古人有言"劳于读书，逸于作文"。意思是说学习和读书肯于付出艰辛，作文就会轻松省力。旧时学子的"劳于读书"，是背，是"劳"于诵，也是"劳"于记，在肚子里扎扎实实地装下了大量经典篇章，将典范文章的行文立意之法揣摩个透，被视为"兵卫"的辞采章句早已烂熟于心，可信手拈来。杜甫说："读书破万卷，下笔如有神。"这个"破"字就是让书中的文字烂熟于心。这些文字成了一个人一生所需的文化"酵母"，到了一定时期就酿出芳香无比的醇酒了。并且，这样的"酵母"一定要在小学阶段植入方能事半功倍。

以模仿为主：

模仿是孩子的天性。写作，对于小学生而言，以模仿为主。

如《相鼠》教完后，有学生便仿写一篇作文：相鼠有毛，人而无聊，人而无聊，鬼哭狼嚎；相鼠有嘴，人而有悔，言而有悔，不如做鬼；相鼠有皮，人而无仪，人而无脸，爹娘躲远。

孩子是天生的模仿家，你不用怎么教他写作文，多读几遍他自己就会写了。

各年段作文教学目标：

整个小学阶段，作文集中在高年段训练。中低年级以自由的日记训练为主，高年级以命题作文的训练为主。各年段作文教学目标如下：

A. 低年段：把话写通顺；

B. 中年段：把话写具体；

C. 高年段：把文写精彩。

各年段作文训练操作实践：

四年积累，两年正式的作文训练——

1. 中低年段的常规作业是自由写日记、读书、"采蜜"（做读书笔记或摘录）——中午一份报，晚上一段话。

日记训练：培养习惯，记录生活；

报刊时评：锻炼思想，拓展视野。

低年段，以自由日记为主。比如，从二年级开始，让孩子们写"感恩笔记"——每天真实地记录他人为自己做过的一件小事。

2. 正式的作文教学押后到五年级——遵循厚积薄发之道

把作文训练押后，主要是考虑到学生的实际能力，积累不够，行文就吃力。古代私塾对作文的起步很讲究，一般在私塾四五年之后才让学生提笔作文，还举行专门的"开笔"仪式。这既顺应了"先输入后输出"的语言学习规律，也培养了学生作文的严谨态度。

高年段每天一则 300 字左右的纪要，一周一篇习作。

班级作文周报

班级作文周报是孩子们写作的动力源泉：每周两期报刊，使每个孩子都有机会发表习作。

❀读写作业的布置

精简常规作业，杜绝枯燥的重复训练。

中低年段：

生字，由原来的抄写 8 个改为 2 个，再组一个词——科学证明，机械地重复是无效的，一个生字连组词写了 3 遍就足够了；不再另设组词本和造句本——造句其实是脱离语言环境的枯燥训练，远不如把时间用于写话训练。

高年段：

告别题海战术，每天布置的家庭作业基本上就是"读书"和"采蜜"。高年级一学期下来，平均每个孩子的"采蜜"量都在 4 万字以上。

五、各种文本的教学模式

❀ 不可错过的童谣时代

儿歌、童谣是儿童研习语言的最好的书面语言，是搭建口语与书面语的桥梁，既丰富儿童的俚语、民俗语，又启蒙儿童语言的诗兴和情趣。

儿歌、童谣可以建立孩子的律动感、节奏感，搭建起认识文字的桥梁，让孩子在一两年的时间里掌握两三千的汉字，缩短阅读启蒙期。

当然，儿歌、童谣也要用很好的读本。一些有益心智的歌词也很好，如《燃灯之歌》《跪羊图》《我的中国心》……读文字是培养孩子的心量，培养孩子的觉悟心。

❀ 不可轻视的蒙学读本

单从识字的角度而言，明清之前的蒙学读本有着当今许多常见的识字读本不可比拟的优势：

1. 内容丰富，指向明确。

如直指儿童养成教育的《弟子规》《朱子家训》，百科全书般的《幼学琼林》《千字文》《三字经》《声律启蒙》。

如《弟子规》中"晨必盥，兼漱口；便溺回，辄净手"，十二个字，具体而精炼，朗朗上口，把一个孩子晨起洗漱以及上厕所后该有的卫生习惯讲得非常清楚。

又如《声律启蒙》中"明对暗，淡对浓，上智对中庸。镜奁对衣笥，野杵对村春。花灼烁，草蒙茸，九夏对三冬。台高名戏马，斋小号蟠龙。

手擘蟹螯从毕卓，身披鹤氅自王恭。五老峰高，秀插云霄如玉笔；三姑石大，响传风雨若金镛"，78 个字一段，典雅的文字，妙曼的音律，集历史、地理、天文和论理于一体。

2. 文字精确，韵语有特色，富有音乐感，节奏感，是儿童最喜欢的语言形式。

蒙学读本不仅是"三百千弟"，以前《诗经》里面很多诗，也会被选入蒙学，如《相鼠》，《诗经》里面有很多讲鱼鸟花草虫的，如《螽斯》《硕鼠》……

❀ 哲史诵读宜早不宜迟

哲史子集，是每一个文化型的中国人绕不过去的大观园。许多儒家传教者，没有真正翻读过《论语》《孟子》，追究到底，都只有一个缘故：读不懂！

许多人因为缺失文言基础，在一本薄得只有三四页纸厚的《大学》前惴惴难安。事实上，《大学》这样的文字，小学二年级的孩子都是能读懂的，至少是可以在老师的带领下读通读懂的。读懂一段话最简单的方式：教师教会学生看注释，读译文。

如《老子》："信言不美，美言不信。善者不辩，辩者不善。知者不博，博者不知。圣人不积，既以为人己愈有，既以与人己愈多。天之道，利而不害；圣人之道，为而不争。"哲史的诗性语言，可解释，可意会，其语言的音乐特质明显，学生鲜有不能读者。

❀ 诗文诵读多多益善

一百篇散文，三百首诗词，烂熟于心，终生受用。

小学阶段宜多背长篇诗赋。

长诗都是故事诗，故事导入，让诗词具象感更强烈，为学生的记忆提供细节。如：

《蜀道难》《行路难》，难在何方？蜀道之称的来历、李白离开长安的故事；

《琵琶行》中白居易的故事；

《长恨歌》中唐玄宗、杨贵妃与安史之乱的故事；

《正气歌》《过零丁洋》中文天祥的故事……

文言散文熟读点拨法：

散文教学，多读少讲，点拨有方。

文言散文的教法：

1．范读求音正；2．听读求语感；3．静读求大意；4．自读求通顺；5．比读求流畅；6．趣读求兴致。

如《爱莲说》便可运用文言散文熟读点拨法：

1．让学生慢慢读，并在不认识的字上面注上拼音；

2．教师范读一遍；

3．教师和学生一起读一遍；

4．学生齐读二三遍，教师疏通个别字词，并示范引导学生读的语气和节奏；

5．分小组（按各自特点自由组合的合作小组）朗读，有节奏、有语气地读。

❀ 朗读法的类型举隅

在《论朗读》中，朱自清先生曾经引用黄仲苏的论述，从读物运用的角度来分类，朗读一般可分为四类：

一种是诵读。诵，就是读，并且有音节，适用于读散文。如诸子、四书、以及专家文集中的议、论、说辨、序、跋、传记等。像今天读的《中庸》就该这样读：舒缓不迫，字字分明（朱子语），注重意义，注重清楚，吐字干净利落，语速平缓，音量适中，语调郑重，每个字都该给予相当分量，不宜滑过去或拉长腔声。语文课本中初次通读课文，也适合使用这样的方法，有人称为"宣读法"。

二是吟读。吟，呻也，哦也。这是根据《学记》中的记载"今之教者，呻其占毕"而言。呻，就是"吟诵"，是"长咏"，是拖长音调，类似唱歌。宜于读绝句、律诗、词曲和其他短篇抒情的韵文等等。

三是咏读。咏，歌也。适合读长篇韵文，如骈文、古体诗等。像我们读过的《木兰诗》《春江花月夜》等就该用这种方法。

四是讲读。讲，就是说话、对话，我们的语文书中的课文多数适合用这种方法。实际上，语文课文就是在教我们讲话，把话讲得明白、有条理、有文采。大多数语文课文都可以看作是口语的提炼，适合用来说。因此，读书就该像讲话一样。

朗读跟朗诵有很大的区别，朗读就是读，就是读懂文字的意思，并把你对文字的理解通过声音传给自己和其他的听众；朗诵，是一种音乐化的语言表演，有音乐和舞台因素，有时候会淡化文字的原意，以表演为主体。我们平时应该以朗读为主。

六、素读吟诵教学案例

❀ 什么是吟诵

吟诵是中华民族传统的对汉诗文的诵读方式。

> 吟诵是中华民族传统的对汉诗文的诵读方式，自先秦开始，
> 口传心授、代代相传，流传至今。它是古代教育系统（私塾和官学）
> 中唯一的诵读方式。（徐健顺语）

吟诵是一种非常好的学习古诗文的方法，可以更好地帮助学生理解诗文，可以激发兴趣，促进记忆。

吟诵作为中国传统的诵读方式，它介于唱和诵之间，也就是像唱歌一样地诵读。吟诵可以因声求情，以情达意，兴发感动，可以陶冶情操，提升境界。曾国藩有句话说"君子有三乐……读书声出金石，飘飘意远，一乐也"，即是指吟诵。

吟诵与歌唱、朗读的区别：

吟诵与歌唱的区别：吟诵要求平长仄短，依字行腔。歌唱则无此要求。

吟诵与朗读的区别：吟诵是文字本来的感情色彩决定了气息的长短、急缓，语调的高低、轻重，朗读往往是由语调决定情感，朗读靠拿腔捏调造势，而吟诵只依靠文字的本音。

❀ 吟诵的基本规则

平长仄短，依字行腔。

❀ 平长仄短

平长仄短，即近体诗、词、曲、文，吟诵的时候，偶位字的平声字和押韵的字要拖长，其余的字不能拖长。

平声字、仄声字、入声字：

古代汉语平仄与现代汉语四声对应关系口诀：一二声平三四仄，入声归仄很奇特。

古代汉语平声、仄声与现代汉语阴阳上去四声对应关系如下：

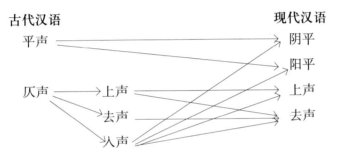

平仄与吟诵范例：

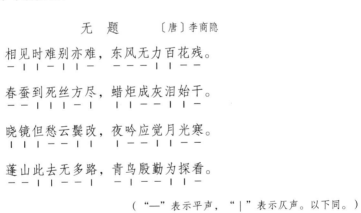

（"—"表示平声，"｜"表示仄声。以下同。）

❀ 依字行腔

本音决定基础调，依字行腔很重要。

依字行腔，即按照字音的声调来决定旋律曲调，不能"倒"字。所谓"倒"字就是听起来这个字的声调与它本来应读的声调不一致了。

诗经·国风·卫风·木瓜

<pre>
tóu wǒ yǐ mù guā   bào zhī yǐ qióng jū
投 我 以 木 瓜 ，   报 之 以 琼 琚 。

fěi bào yě   yǒng yǐ wéi hǎo yě
匪 报 也 ，   永 以 为 好 也 。

tóu wǒ yǐ mù táo   bào zhī yǐ qióng yáo
投 我 以 木 桃 ，   报 之 以 琼 瑶 。

fěi bào yě   yǒng yǐ wéi hǎo yě
匪 报 也 ，   永 以 为 好 也 。

tóu wǒ yǐ mù lǐ   bào zhī yǐ qióng jiǔ
投 我 以 木 李 ，   报 之 以 琼 玖 。

fěi bào yě   yǒng yǐ wéi hǎo yě
匪 报 也 ，   永 以 为 好 也 。
</pre>

（吟诵参见音像 MP3 陈琴吟诵、朗诵集粹）

❀ 格律诗词的吟诵

格律诗吟诵口诀：

1. 一二声平三四仄，入声归仄很奇特。平长仄短入声促，韵字平仄皆回缓。

2. 一三五字可随意，二四六位须分明。依字行腔气息匀，节奏点上停一停。

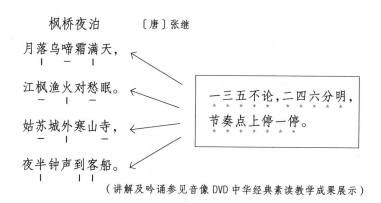

枫桥夜泊　　〔唐〕张继

月落乌啼霜满天，

江枫渔火对愁眠。

姑苏城外寒山寺，

夜半钟声到客船。

一三五不论，二四六分明，
节奏点上停一停。

（讲解及吟诵参见音像 DVD 中华经典素读教学成果展示）

韵律：

韵，在诗词中的最重要的作用是给情感定调！
****

蝶恋花·答李淑一　　　　毛泽东

我失骄杨君失柳，

杨柳轻飏直上重霄九。

问讯吴刚何所有，

吴刚捧出桂花酒。

寂寞嫦娥舒广袖，

万里长空且为忠魂舞。

忽报人间曾伏虎，

泪飞顿作倾盆雨。

（吟诵参见音像 MP3 陈琴吟诵、朗诵集粹）

凡尤、侯韵的字，似乎都含有千般愁怨，无法申诉的意味，最适用于忧愁的诗。

凡鱼、虞、模韵的字，都含有日暮途穷、极端失意的情感。

钗头凤　　　　〔宋〕陆游

红酥手，黄縢酒，满城春色宫墙柳。东风恶，欢情薄，一杯愁绪，几年离索。错！错！错！　　春如旧，人空瘦，泪痕红浥鲛绡透。桃花落，闲池阁，山盟虽在，锦书难托。莫，莫，莫！

（参见音像教程中华经典素读教学理论与实践中吟诵示范）

这首词的整体韵语色彩灰暗。

钗头凤　　　　〔宋〕唐琬

世情薄，人情恶，雨送黄昏花易落。晓风干，泪痕残，欲笺心事，独语斜阑。难！难！难！　　人成各，今非昨，病魂常似秋千索。角声寒，夜阑珊，怕人寻问，咽泪装欢。瞒，瞒，瞒！

（参见音像教程中华经典素读教学理论与实践中吟诵示范）

凡寒、桓韵的字，都含有黯然神伤、偷弹双泪的情愫，适用于独自伤情的诗。

调：

格律诗的吟诵难在定调，不过，只要反复琢磨好一首诗词的格律和情感基调，还是很容易找到自己的吟诵调子的。

反复揣摩，第一个音步定调式，第二个音步定旋律。

音步，诗歌中的基本节奏单位。一个音步一般含有两个或更多的音节，其中有一个音节承担主要重音。

秋思　　　〔唐〕张籍

洛阳城里见秋风，欲作家书意万重。

复恐匆匆说不尽，行人临发又开封。

（吟诵参见音像 MP3 陈琴吟诵、朗诵集粹）

凉州词　　　〔唐〕王翰

葡萄美酒夜光杯，欲饮琵琶马上催。

醉卧沙场君莫笑，古来征战几人回。

（参见音像教程中华经典素读教学理论与实践中吟诵示范）

忆秦娥　　　〔唐〕李白

箫…声…咽↓…秦¯娥¯¯梦↓断↓秦…楼…月↓…

秦→楼→月↓年¯¯年¯¯柳↗色↓灞↓陵↗伤¯¯别↓…

乐↓游¯¯原…上↓清¯秋¯¯节↓咸…阳…古↓道↓音→尘→

绝↓

音→尘→绝↓↓西→风¯¯残¯¯照↓汉↓家¯¯陵…阙↘

（参见音像教程中华经典素读教学理论与实践中吟诵示范）

让学生有举一反三的调式：

忆江南　　〔唐〕白居易

江南好，风景旧曾谙；日出江花红胜火，春来江水绿如蓝。
能不忆江南！

江南忆，最忆是杭州；山寺月中寻桂子，郡亭枕上看潮头。
何日更重游！

江南忆，其次忆吴宫；吴酒一杯春竹叶，吴娃双舞醉芙蓉。
早晚得相逢！

（吟诵参见音像 MP3 陈琴吟诵、朗诵集粹）

结合学生熟悉的曲调修改：

水调歌头　　〔宋〕苏轼

明月几时有，把酒问青天，不知天上宫阙，今夕是何年。我
欲乘风归去，又恐琼楼玉宇，高处不胜寒。起舞弄清影，何似在
人间。　　转朱阁，低绮户，照无眠，不应有恨，何事长向别时圆。
人有悲欢离合，月有阴晴圆缺，此事古难全，但愿人长久，千里
共婵娟。

（吟诵参见音像 MP3 陈琴吟诵、朗诵集粹）

先找那些比较严格的格律诗词，容易按照依字行腔、平长仄短区分
出来的练习——

渔家傲·秋思　　〔宋〕范仲淹

塞下秋来风景异，衡阳燕去无留意。
｜　｜　－　－　｜　｜　　－　－　｜　－　－　｜

四面边声连角起，千嶂里，长烟落日孤城闭。
｜　｜　－　－　｜　｜　－　｜　｜　－　－　｜　｜　－　－　｜

浊酒一杯家万里，燕然未勒归无计。
｜　｜　｜　－　－　｜　｜　－　－　｜　｜　－　－　｜

羌管悠悠霜满地，人不寐，将军白发征夫泪。
－｜－－｜｜ －｜｜ －－｜｜－｜

（参见音像教程中华经典素读教学理论与实践中吟诵示范）

鹊踏枝 〔宋〕晏殊

槛菊愁烟兰泣露，罗幕轻寒，燕子双飞去。
(｜)｜(一)－－｜｜ (｜)｜－－ (｜)｜－－｜

明月不谙离恨苦，斜光到晓穿朱户，
(｜)｜(｜)－－｜｜ (一)－(｜)｜－－｜

昨夜西风凋碧树，独上高楼，望尽天涯路。
(｜)｜－－－｜｜ (｜)｜－－ (一)｜－－｜

欲寄彩笺兼尺素，天长水阔知何处。
(｜)｜(｜)－－｜｜ (一)－(｜)｜－－｜

（参见音像中华经典素读教学成果展示《鹊踏枝·槛菊愁烟兰泣露》吟诵表演）

❀ 蒙学韵文的吟诵

蒙学韵文的吟诵：节奏简单，单一重复——

晨必盥，兼漱口；便溺回，辄净手。（《弟子规》）

（吟诵参见音像 MP3 陈琴吟诵、朗诵集粹）

明对暗，淡对浓，上智对中庸。镜奁对衣笥，野杵对村舂。
花灼烁，草蒙茸，九夏对三冬。台高名戏马，斋小号蟠龙。手擘
蟹螯从毕卓，身披鹤氅自王恭。五老峰高，秀插云霄如玉笔；三
姑石大，响传风雨若金镛。（《声律启蒙》）

（吟诵参见音像 MP3 陈琴吟诵、朗诵集粹）

天对地，室对家，落日对流霞。黄莺对翠鸟，甜菜对苦瓜。

狗尾草，鸡冠花，白鹭对乌鸦。门前栽果树，塘里养鱼虾。有时三点两点雨，到处十枝九枝花。（丁慈矿《小学对课》）

多一些儿童乐于接受的内容，先培养吟诵的感情——

诗经·国风·周南·螽斯

螽斯羽，诜诜兮。宜尔子孙，振振兮。

螽斯羽，薨薨兮。宜尔子孙，绳绳兮。

螽斯羽，揖揖兮，宜尔子孙，蛰蛰兮。

（吟诵参见音像 MP3 陈琴吟诵、朗诵集粹）

诗经·国风·鄘风·相鼠

相鼠有皮，人而无仪！人而无仪，不死何为？

相鼠有齿，人而无止！人而无止，不死何俟？

相鼠有体，人而无礼，人而无礼！胡不遄死？

（参见音像教程中华经典素读教学理论与实践中吟诵示范）

越是经典的内容越要反复吟诵，以求铭记——

诗经·国风·秦风·蒹葭

蒹葭苍苍，白露为霜。所谓伊人，在水一方。

溯洄从之，道阻且长。溯游从之，宛在水中央。

蒹葭凄凄，白露未晞。所谓伊人，在水之湄。

溯洄从之，道阻且跻。溯游从之，宛在水中坻。

蒹葭采采，白露未已。所谓伊人，在水之涘。

溯洄从之，道阻且右。溯游从之，宛在水中沚。

（吟诵参见音像 MP3 陈琴吟诵、朗诵集粹）

诗经·小雅·谷风之什·蓼莪

蓼蓼者莪，匪莪伊蒿。哀哀父母，生我劬劳。

蓼蓼者莪，匪莪伊蔚。哀哀父母，生我劳瘁。

瓶之罄矣，维罍之耻。鲜民之生，不如死之久矣。

无父何怙，无母何恃。出则衔恤，入则靡至。

父兮生我，母兮鞠我。拊我畜我，长我育我。

顾我复我，出入腹我。欲报之德，昊天罔极。

南山烈烈，飘风发发。民莫不穀，我独何害。

南山律律，飘风弗弗。民莫不穀，我独不卒。

（吟诵参见音像 MP3 陈琴吟诵、朗诵集粹）

伴随着吟诵穿插的吟唱，这种读法很好玩，是最好的激趣——

　　　　长安遇冯著（领读）　　韦应物（和声——韦应物）

（领）客从东方来，衣上灞陵雨。（和：哦，灞陵雨呀！）

（领）问客何为来？（和——何为来呀？）采山因买斧。（齐：噢，采山因买斧！）

（领）冥冥花正开，飏飏燕新乳。（和——花正开呀，燕新乳！）

（领）昨别今已春，鬓丝生几缕？（和——唉，鬓丝生几缕？）

（齐声深情吟唱——昨别今已春，鬓丝生几缕？唉，鬓丝生几缕？）

（参见音像教程中华经典素读教学理论与实践中吟诵示范）

吟唱，还可以很好地帮助学生理解诗意。

多吟诵，少讲解，以吟诵促感悟——

　　　　长相思　　〔清〕纳兰性德

山一程，水一程，身向榆关那畔行，夜深千帐灯。

风一更，雪一更，聒碎乡心梦不成，故园无此声。

（吟诵参见音像 MP3 陈琴吟诵、朗诵集粹）

释诗解文的方式可以改变传统的漫讲，以诗解诗，以文解文——

相见欢　　〔南唐〕李煜

（领）林花谢了春红，（合：花谢春还红）

（领）太匆匆！（齐：太匆匆呀，太匆匆！）

（领）无奈朝来寒雨晚来风。

（男合：朝寒雨啊！女合：晚寒风！）

（领）胭脂泪，相留醉，（齐）几时重？

（齐）自是人生长恨水长东！

（参见音像教程中华经典素读教学理论与实践中吟诵示范）

❀ 自由诗的吟诵

自由诗的吟诵：不受格律限制，平仄可以淡化，调式自由。

为了让学生乐于接受，可以配以旋律，唱出来。如：

宣州谢朓楼饯别校书叔云　　〔唐〕李白

弃我去者，昨日之日不可留；

乱我心者，今日之日多烦忧。

长风万里送秋雁，对此可以酣高楼。

蓬莱文章建安骨，中间小谢又清发。

俱怀逸兴壮思飞，欲上青天览明月。

抽刀断水水更流，举杯销愁愁更愁。

人生在世不称意，明朝散发弄扁舟。

（吟诵参见音像 MP3 陈琴吟诵、朗诵集粹）

将进酒　　〔唐〕李白

君不见黄河之水天上来，奔流到海不复回。

君不见高堂明镜悲白发，朝如青丝暮成雪。

人生得意须尽欢，莫使金樽空对月。

天生我材必有用，千金散尽还复来。

烹羊宰牛且为乐，会须一饮三百杯。

岑夫子，丹丘生，将进酒，杯莫停

与君歌一曲，请君为我倾耳听。

钟鼓馔玉不足贵，但愿长醉不复醒。

古来圣贤皆寂寞，唯有饮者留其名。

陈王昔时宴平乐，斗酒十千恣欢谑。

主人何为言少钱，径须沽取对君酌。

五花马，千金裘，呼儿将出换美酒，与尔同销万古愁。

（吟诵参见音像 MP3 陈琴吟诵、朗诵集粹）

唱还是最好的记忆方式。比如，弘一法师的"长亭外，古道边……"
很多人不记得全词，可是，借助歌唱就能继续回忆后面的词了。如果你
记不住屈原的《橘颂》，就唱吧，如："后皇嘉树，橘徕服兮。受命不迁，
生南国兮。深固难徙，更壹志兮。绿叶素荣，纷其可喜兮。曾枝剡棘，
圆果抟兮。青黄杂糅，文章烂兮……"多美的旋律，一唱三叹，油然流动。

不仅诗词类的文体可以吟唱，散文体的古文也可以读唱相和。比如《大
学》，香港很多小学编成健身操或舞蹈。

大学之道，在明明德，在亲民，在止于至善。知止而后有定；
定而后能静；静而后能安；安而后能虑；虑而后能得。物有本末；
事有终始……

（吟诵参见音像 MP3 陈琴吟诵、朗诵集粹）

七、经典素读课堂教学模式例举

❀ 课堂设计尽量从简的原则

课堂设计尽量从简。对于韵文，比如《三字经》或《声律启蒙》这样的读本，不需要每段新读的内容都设计课件。老师只是拿着读本就可进课堂，跟孩子一起读，照着字面意思稍作解释就可以了。倘若每节课都要精心设计，老师会吃不消。而对于像《大学》《中庸》这样的文本，也可以只设计一个模板，每节课的内容往里面套就行，减轻教师备课的负担。这一点很关键，如果教师太辛苦就容易失去坚持下去的信心。

为了提高孩子们的诵读兴趣，也为了便于操作，可把"四书五经"里的诵读内容"剧本化"，课堂上还可运用前人和当代科学记忆法则，比如镂空法、点面具象提示法以及他人暗示法则等，锻炼孩子的记诵能力。

❀ 素读《诗经》课例

小学生为什么要读《诗经》？

1. "不学诗，无以言"是永不过时的诗教理念。

《诗经》是中华民族最本源的诗性符号，是经圣人之手删定的歌本，是后来所有诗歌的精神底本，几乎没有多少中国诗人能离开《诗经》的滋养。"不学诗，无以言"是永不过时的诗教理念。

"小子何莫学夫诗？诗，可以兴，可以观，可以群，可以怨。迩之事父，远之事君，多识于鸟兽草木之名。"《诗经》是极好的识字读本，极好的百科全书，极好的音律教材（节奏美、音律美、复沓的句式、简单重复的调式，凡一切音乐特质全都具备）。世界上没有多少诗歌读本有过这样的神性。《诗经》作为"经"的地位不容动摇。

2. 蒙学读本不仅是"三百千弟"，以前《诗经》里面很多诗，也会被选入蒙学，如《相鼠》《螽斯》《硕鼠》等，一年级的时候便可引入。

《诗经》怎么读?

寻找素读的记忆链：

1. 《诗经》里的叙事情节具有故事特性，是学生最容易记住的文字信息，如《关雎》《葛覃》《蒹葭》《七月》《十月之交》《绵》……

2. "以诗引诗"的串读法是最好的组诗教学模式，如由曹操的《短歌行》可引出《子衿》《鹿鸣》。

3. 学思结合的方式，牵引童心往情感的更深处漫溯，如由《七月》可引出《人间四月天》，《蓼莪》之后的孝亲反馈引入《跪羊图》等。

4. 利用《诗经》重章叠句的复沓形式在班级里开展对歌，激趣起兴。

5. 吟诵，是诵诗最好的方式。"诗三百五篇，孔子皆弦歌之，以求合《韶》《武》《雅》《颂》之音。"（《史记·孔子世家》）

追求最简单的教学方式：

一首诗，每一次尽管有不同的教学设计，但按照以下程序基本不会很费时，且效果明显。

1. 教师的范读是最好的引导。注意正音，语调；

2. 学生反复读，以求流畅。注意给学生足够的自读时间；

3. 懂大意，不求深解。

4. 有情节，有故事，甚至一点点夸张，一点点刻意的"打趣"，有利于增强记忆。

5. 反复吟诵，是最好的记忆，且终生难忘。

《诗经·国风·周南·汉广》素读教学设计：

第一站：字正腔圆读准音——

诗经·国风·周南·汉广

南有乔木，不可休思；汉有游女，不可求思。

汉之广矣，不可泳思；江之永矣，不可方思。

翘翘错薪，言刈其楚；之子于归，言秣其马。

汉之广矣，不可泳思；江之永矣，不可方思。

翘翘错薪，言刈其蒌；之子于归，言秣其驹。

汉之广矣，不可泳思；江之永矣，不可方思。

第二站：对照译文读懂意——

南有大树枝叶高，树下行人休憩少。

汉江有个漫游女，想要追求只徒劳。

浩浩汉江多宽广，不能泅渡空惆怅。

滚滚汉江多漫长，不能摆渡空忧伤。

杂树丛生长得高，砍柴就要砍荆条。

那个女子如嫁我，快将辕马喂个饱。

浩浩汉江多宽广，不能泅渡空惆怅。

滚滚汉江多漫长，不能摆渡空忧伤。

杂草丛生乱纵横，割下蒌蒿作柴薪。

那个女子如嫁我，快饲马驹驾车迎。

浩浩汉江多宽广，不能泅渡空惆怅。

滚滚汉江多漫长，不能摆渡空忧伤。

第三站：打着节拍读通顺——

南有乔木，不可休思；

汉有游女，不可求思。

汉之广矣，不可泳思；

江之永矣，不可方思。

翘翘错薪，言刈其楚；

之子于归，言秣其马。

汉之广矣，不可泳思；

江之永矣，不可方思。

翘翘错薪，言刈其蒌；

之子于归，言秣其驹。

汉之广矣，不可泳思；

江之永矣，不可方思。

第四站：一唱一和读出味——

领：南有乔木，不可休思；汉有游女，不可求思。

合：汉有游女啊，不可求思哟！

领：汉之广矣，不可泳思；江之永矣，不可方思。

合：汉江广哟，江水长哟，不能渡呀，空忧伤！

领：翘翘错薪，言刈其楚；之子于归，言秣其马。

合：之子于归呀，马儿要喂饱饱呀！

领：汉之广矣，不可泳思；江之永矣，不可方思。

合：不可泳思呀，不可方思！

领：翘翘错薪，言刈其蒌；之子于归，言秣其驹。

合：之子于归呀，喂饱马儿驾车迎！

领：汉之广矣，不可泳思；江之永矣，不可方思。

合：唉，汉之广矣，江之永矣，不可泳思，不可方思！

第五站：且吟且诵读熟练——

南有乔木，不可休思；汉有游女，不可求思。

汉之广矣，不可泳思；江之永矣，不可方思。

翘翘错薪，言刈其楚；之子于归，言秣其马。

汉之广矣，不可泳思；江之永矣，不可方思。

翘翘错薪，言刈其蒌；之子于归，言秣其驹。

汉之广矣，不可泳思；江之永矣，不可方思。

（吟诵参见音像 MP3 陈琴吟诵、朗诵集粹）

❀ 换个方式读《大学》

四书之前需要哪些铺垫？

1. 先通读蒙学识字读本，打通句读关。

中国古代的蒙学教育绝对不会一开始就让孩子捧读四书五经，会有一两年的蒙学期，诵读的内容多是孩子们喜欢的韵语、对句。目的是先识字，打通句读关，积累一定的常识。由常识进入理性文字的坡度一定要放低。因此，在四书之前孩子们要先诵读如《三字经》《千字文》《百家姓》《声律启蒙》《幼学琼林》等这些我们今天看似古老的识字读本。

当学生有过很扎实的素读功底，长短句式的诵读不成为障碍时，诵读《大学》这样的文字自然不会有难度。

2. 以熟知抵新知，先背《诗经》12 首相关篇目。

以熟知抵达新知，温故能知新。读《大学》之前，最好能把《诗经》里面涉及的 12 首诗歌全部先背下来，再来读《大学》，这样孩子们在读大学这一章当读到"桃之夭夭，其叶蓁蓁，之子于归，宜其家人"等地方时，他就会把《诗经》里面相关的诗整首背出来，他们就会用吟诵唱和的方式背出来形成一种乐感，这时候再来学《大学》就容易多了。学习了旧的知识再来学习新的知识就会很容易。

再如《中庸》也是如此，也涉及到《诗经》里面的 11 首诗歌，先背熟这 11 首诗歌再学《中庸》就容易多了。

《大学》这样的文字，孩子应该怎样读？

1. 吟诵与歌谣的妙用：

儿童重视文字的形式甚于重视内容，儿童"先入为主"的观念非常强烈，我们最初给予他的是什么方式，他就会以这样的方式来表达。吟诵与歌谣不可替代朗读，但在基本诵读熟练的基础上，加入吟诵或歌谣对记忆有莫大的帮助。比如《诗经》中最长又最难记忆的《七月》，加入吟诵之后会成为孩子们最喜欢的诗歌。

《大学》这种文本的特征是文字理性、逻辑缜密，句式相对整齐，有"顺势而下"的行文特征，只要通过反复诵读，抓准关键字词，一定能促进学生的悟性。

2. 坚持五读原则：初读求正音，速读求流畅，品读求理解，静读求熟记，复读求牢固。

3. 选择好的导读本：

由于历史的原因，几代的中国人极少有一揭开经典读本就能畅读无阻的，因此，学者及前人的注释本就是很好的拐杖，能帮助我们步入经典的殿堂。

推荐《大学》导读本：劳思光《大学中庸译注新编》（香港中文大学出版社）、南怀瑾《原本大学微言》（复旦大学出版社）、朱熹《四书章句集注》（中华书局）。

第一课（明德章）

大学之道，在明明德，在亲民，在止于至善。知止而后有定，定而后能静，静而后能安，安而后能虑，虑而后能得。物有本末，事有终始。知所先后，则近道矣。

古之欲明明德于天下者，先治其国；欲治其国者，先齐其家；欲齐其家者，先修其身；欲修其身者，先正其心；欲正其心者，先诚其意；欲诚其意者，先致其知；致知在格物。物格而后知至，知至而后意诚，意诚而后心正，心正而后身修，身修而后家齐，家齐而后国治，国治而后天下平。

自天子以至于庶人，壹是皆以修身为本。其本乱而末治者，否矣。其所厚者薄，而其所薄者厚，未之有也！

用记忆导图加强记忆。

《大学》明德章记忆导图

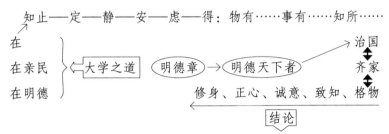

自天子、庶人：壹是皆以修身为本。其本乱……其所厚者……

❀ 素读《道德经》第36章——培养孩子素读整本书的耐力

经典课堂第一幕：琅琅书声，直面经典——读通顺

将欲歙之，必固张之；将欲弱之，必固强之；将欲废之，必固兴之；将欲夺之，必固与之。是谓微明。柔弱胜刚强。鱼不可脱于渊，国之利器不可以示人。（《道德经》第36章）

1. 按初读"一二一"（慢快快慢）法则读通顺。

2. 读完两遍之后，读读注解，把原来不懂而自己想办法读懂的文句画上波浪线，或把自己通过努力读懂的字词标上黑点。

经典课堂第二幕：文白对应，直面经典——读懂意

1. 读注释：

歙：闭合。通"翕"。反义词：张。（翕张，翕动）

渊：深水处。

利器：锐利武器。

2. 读翻译：

想要让它缩小，就一定先要让它扩张；想要使它削弱，就一
定先要使它增强；想要消灭它，就一定先要振兴它；想要夺取它，
就一定先要给予它。这就叫隐藏意图。柔软的战胜刚直的，弱小
的战胜强大的。鱼不可以离开深渊。国家的锐利武器不可以轻易
在人前显示。

3. 挑战你的"翻译"能力：
* * * * * * * *

想要夺取它，就一定先要给予它。

柔软的战胜刚直的，弱小的战胜强大的。

想要使它削弱，就一定先要使它增强。

经典课堂第三幕：熟读成诵，过目不忘——记得牢

1. 熟读"三一一"法则——先快读三遍，再慢读一遍，最后试着背
诵一遍。

2. 找好朋友一起诵读，能总结出有效的记诵方法的奖励一颗星。

A. 用镂空背诵的形式考察记忆：

……歙之，必固……将欲……强之；将欲……兴之；将欲……
与之。是谓微明。柔弱……鱼……国之利器……

B. 请你根据自己的记忆导图复习，牢记这一章的内容：

记忆导图

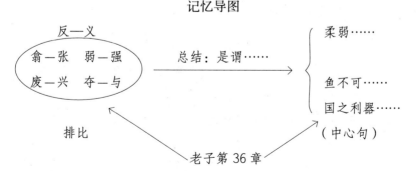

3. 最先熟练并能配以演说家的语调背诵的个人或团队，可得两颗星。

经典课堂第四幕：引经据典，微言大义——格言美

如：柔弱胜刚强……

经典课堂第五幕：古为今用，活学活用——读而悟

1.读读下面的话，你觉得跟老子的哪些观点相近？

子曰："道之以政，齐之以刑，民免而无耻；道之以德，齐之以礼，有耻且格。"

2.还记得《我要的是葫芦》中的主角吗？你能用送给他一句怎样的经典格言劝劝它？

3.秦始皇以强大的武力统一六国后，也想依靠严刑治理国民，结果……你能评一评这种情况吗？

4.今天所学的内容还能引起你其他的想法吗？请发表你的见解。（能获得掌声的奖励三颗星星）

❁ 经典课堂六幕剧——以《精选〈论语〉三十课》中的第二十九课为例

就多年的授课经验而言，运用多媒体和现代记忆方法，对古代的经典训练课堂进行改良，效果显著。

比如，诵读"四书"时设计的"经典课堂六幕剧"，成为一个固定模式，但换了授课的内容，学生依然每次都倍感新鲜，以《精选〈论语〉三十课》中的第二十九课为例：

第一幕：声音先于义理——放声读

子曰："志士仁人，无求生以害仁，有杀身以成仁。"

子贡问为仁。子曰："工欲善其事，必先利其器。居是邦也，事其大夫之贤者，友其士之仁者。"

子曰："人无远虑，必有近忧。"

子曰："躬自厚而薄责于人，则远怨矣。"

子曰："君子求诸己，小人求诸人。"

要求做到：读准音，正确断句，读通顺，读流利。
* * * * * * * * * * * * * * * * * *

第二幕：学而不思则罔——读而悟

在这一环节中，教师呈现文中需要特别译注的字词，学生在自读自悟或小组讨论中理解原文。不求深刻，粗知大意即可。

第三幕：古文今说洗耳听——明大意

这是一个加深理解文意的步骤。教师呈现对古文的释文，学生把古文和译文对照读一读，再回照第二幕中自己的理解，看出入在哪儿，让学生体验解读的乐趣。教学实录摘抄如下：

> 师：这一课的内容基本上是孔子说的话，你结合自己的体会，说说哪句话让你深有同感？或者你想就哪句话表达自己的看法？
>
> 生："杀身成仁"这个词令我想到了孟子的"舍生取义"。
>
> 师：哦？孟子是怎么说的？
>
> 全班：生，亦我所欲也；义，亦我所欲也。二者不可得兼，舍身而取义者也！
>
> 师：孟子是子思的学生，子思是孔子的孙子。孟子从子思那儿继承了孔子的思想并发扬光大。后人把他们的思想称为"孔孟思想"。只不过，有相当长一段时期，许多人对他们的思想误会至深，认为孔孟是宣扬"明哲保身、贪生怕死"的思想。其实，像"杀身成仁、舍生取义"这样凛然大气的思想才是孔孟的精髓。将来，你们在读通整部中国历史后会更加明白这一点。
>
> ……
>
> 生：我发现这一课中的句子很美，像对联，很工整，读起来朗朗上口。比如"无求生以害仁，有杀身以成仁""人无远虑，必有近忧""君子求诸己，小人求诸人"。
>
> 师：你有一双慧眼啊！你会从文字排列的角度审视文章了，真难得！古人写文章对文字的运用非常考究，讲究"文质"兼美。还记得孔子说过"文胜——"

全班：文胜质则史，质胜文则野。文质彬彬，然后君子！

师：对，做人如此，作文亦如此，才可称得上"文如其人"。

生：我发现"躬自厚而薄责于人，则远怨矣""君子求诸己，小人求诸人"是我们在《大学》和《中庸》里读过的。这两句话的意思好像是一样的，都是讲严于律己、宽以待人的道理。

师：哦，那孔子可真啰唆！

（全班先是大笑，接着静悄悄思考。）

师：来看看这两句话中，哪一句的语气更严厉点，甚至带有批评的味道？哪一句相对温和些，劝说的意味更浓些？交流交流。

（全班交流）

生："君子求诸己，小人求诸人"批评语气重，因为"小人"是要被谴责的；"躬自厚而薄责于人，则远怨矣"劝说的味道更浓一些，读起来语气委婉一些。

师：哦，假如你是孔子，你会在什么情况下分别用上这两句话？

（生低头沉思不语，师示意其坐下，指名另一举手的学生。）

生：当两个同学发生矛盾而互相推脱责任时，我会对他们说："君子求诸己，小人求诸人。"而当一个人对另一个人产生误会或者老埋怨别人时，我会劝他："躬自厚而薄责于人，则远怨矣。"

生：我还知道"小人"总是要求别人做得好，自己却不做好。"君子求诸己，小人求诸人"这句话更像是在侧重批评小人。

师：说得好！这就是语言的情感，可见文字是有"温度"的呀！不同的话会显示不同的分量。

……

第四幕：熟读成诵，过目不忘——我乐背

按着"镂空提示法"练习背诵。集体背，小组比赛，个人擂台。

子曰："志士……无……有……"

子贡问为仁。子曰："工……必……居……事其……友其……"

子曰："人……必……"

子曰："躬……则……"

子曰："……求诸己，……求诸人。"

第五幕：引经据典，古为今用——格言美

背诵格言，并用来说话：志士仁人；工欲善其事，必先利其器；人无远虑，必有近忧；君子求诸己，小人求诸人……

第六幕：相关链接，故事屋——我爱听

1. 教师呈现民族英雄文天祥的故事。全班默读后，提问：谁可以用上今天或之前学过的经典名句来评议一下故事中的某些人物或情节？

2. 请学生根据今天学过的文章里的某一个观点发表一分钟即兴演讲，可以是故事，也可以是你的看法，也可以是"走近孔子"的新发现。

从教学设计到教学过程都可以发现，并没有过多的深挖文义。每节课教学时间控制在 30 分钟左右，诵读的文本控制在 300 字以内，化整为零，几个重要环节都体现出重在积累和传授记诵方法。这样的设计理念对中年段的孩子来讲是完全可以接受的，也是经典诵读的基本原则。

总之，要充分利用现代先进的多媒体，活泼有趣的激励措施，避免枯燥机械的强制性记诵。基于是集体授课的模式，就调动学生的兴致而言，将"比赛"的方式巧妙地运用在每一个教学环节中，会有很好的收效。比如，跟音响中的"老师"对比读，跟授课老师比读，跟同伴比读，小老师领头读，擂台读，发现好词好句似的读……经常把录音机带进课室，录下孩子们集体的或个别的朗读，然后放给他们听，评议优劣处，这真是常用不厌的兴奋剂，学生会争着要"录音"。实际上，传统的经典训练方式如果被现代技术改良——也就是加入一点小的技巧，是完全可以让学生乐于接受的。

下　编　　中华经典素读教学问答

·2013 年 7 月中华书局经典教育推广中心联袂陈琴老师为来自全国各地的多位校长、教师、家长举办中华经典素读教学教师成长营培训活动

❶ 什么是素读?

素读的提法是日本人最早说的，日本人把我们古代私塾的授课方式定义为素读。

日本的不少学者都对我们的私塾课程有深入的研究。比如，国际著名的右脑开发专家、日本教育学博士七田真有一系列关于"记忆"研究的专著，其中有大量阐述素读的文字，他在《超右脑照相记忆法》的"第五章——教育的原点是背诵和记忆"里这样论述："'素读'就是不追求理解所读内容的含义，只是纯粹地读。明治维新以前的日本教育就是这样按字面来教孩子'素读'中国的四书五经的。"七田真还说："这种不求理解、大量背诵的方法是培养天才的真实方法，也就是右脑教育法。犹太教育培养出了很多诺贝尔奖获得者，他们的基础教育就是以记忆学习为中心，强调反复朗读，而诵读经典是他们每一个孩子最基本的启蒙课业。"素读法直到今天依然是犹太人早期教育的主要手段。每个孩子从三岁开始就必须接受素读训练，几千年来，一代又一代犹太人正是在《希伯来圣经》和《塔木德》等经典的教育熏陶下，才成为能读会写、智力超群的民族的。

而日本筑波大学的加藤荣一教授在《天才满世界》中对素读的诠释是这样的：素读就是要大量的死记硬背，是使脑子变聪明的方法。他说："古代日本人的做法就是'素读'——不求理解含义、只照着字面朗读汉籍（即中国的经史子集）。战前获得诺贝尔奖的日本科学家有 10 个人，他们全都作过这种'素读'练习。"

　　获得诺贝尔奖的汤川秀树博士从 3 岁时就开始接受这样的训练了。汤川秀树博士家共有兄弟 5 人，这 5 个男孩从小就接受了外祖父小川驹橘每天晚上的素读训练——先是"四书"，然后是"五经"、唐宋八大家、《十八史略》，一直读到《资治通鉴》的开头部分。学问决不是一朝一夕学会的，有了这样的背景才诞生了他们一家五个都是大学者。

　　中国传统的母语教学也是以素读法为主要的手段，两千多年里，这种方法从没被怀疑过。中国历史上那一代代的文化巨擘就是靠这种方式获得坚实的童子功的。

　　简而言之，素读就是一种朴素纯粹的读，一种"不求甚解"的读，一种声音朗朗、音韵和谐、抑扬顿挫的读，一种"唱歌"一样的读（南怀瑾语），一种来来回回、反反复复的通篇的读。素读可以理解为记诵，是将所读的内容作永久的、终生的记忆,是一个人对人文素养的原始积累。它跟一般的阅读积累不一样，素读积累更以背诵为目的，是为了获得种子之功。

❷ 素读是否就是死记硬背?

　　所谓素读是否就是死记硬背？素读是否就非得要死记硬背吗?

　　七田真先生对中国古代的素读定义为"不追求所读内容的深刻含义，只是纯粹地读"，被许多人理解为"死记硬背"。事实上，中国古代私塾里的授课方式，我们这些后来人并不十分了解。不可否认，过去的授课方式肯定有许多落后于现代教学理念的地方，但我始终有个心结没打开——如果两千多年中的私塾教学真的全是我们所理解的毫无情趣的"死记硬背"的方式，那么，中国历史上怎么会培养出那么多优秀的人才？先不说那些名垂千古的文学家、艺术家、科学家、大德圣医、治世圣哲，单是民间的工匠们在一木一墙上留下来的书画墨迹，就足令后来的工艺者叹服不止了。如果，私塾中的教学真的没有任何可取之处，对儿童没有任何乐趣可言，这些艺术的灵性是怎样获得的呢？

　　因为缺少可视的实录，我只能从现当代文人的描述中感知旧时教学的种种不好。其中最遭后人诟病的教学法，就是现当代文人描写旧时私塾先生要求学生摇头晃脑跟着念，且不作任何讲解。其实，这种跟念不做解读的教法不仅仅是中国旧时的教学先生采用，外国人教孩子时也是采用这种方法的。比如，钟兆云著《辜鸿铭》里有这样的记录：精通九个国家语言的辜鸿铭最开始在义父布朗的要求下背诵《浮士德》，辜鸿铭极想知道《浮士德》书里讲的是什么，但布朗坚持不肯逐字逐句地讲解。他说："只求你背得熟，并不求你听得懂。听懂再背，心就乱了，反倒背不熟了。等你把《浮士德》倒背如流之时我再讲给你听吧！"半年多的工夫辜鸿铭便稀里糊涂地把一部《浮士德》大致背了下来。第二年布朗才开始给辜鸿铭讲解《浮士德》。他认为越是晚讲，了解就越深，因为经典名作不同于一般著作，任何人也不能够一听就懂。我们知道，后来辜鸿铭能十分熟练地背诵三十七部莎士比亚的剧本，能把《法国革命史》倒背如流，二十七岁回国后在张之洞的幕府里，他又用了二十年的时间从《三字经》开始，把中国的经典文本全都诵读了一遍，成为真正学贯中西的集大成者。

可见，一个时代有一个时代的行为方式，教学方式也是要适应当时的条件的。古代的中国强调"死记硬背"，从布朗对辜鸿铭的教育方式看，但凡文学、语言的学习，西方的教师也是强调"死记硬背"的，而且比中国人的做法有过之而无不及。只不过，我很少读到西方人对他们祖先极尽诬蔑辱骂的文章，也很少看到西方人对祖辈总是予以彻底的否定。他们似乎更注重传承：继承、修正、再发展。

不知从何时起，中国人开始对自己祖传的东西一概缺乏认同感，许多人恨不得斩断跟祖宗有关的所有根系。至少，我所看到的许多人是这样的，他们一方面享受着炎黄祖辈留下来的点点恩泽，一方面又极力否定祖辈的功德。如果真的全部否定，又有能耐另建一个适合这个民族发展的文明体系，那也不失为一个妙法。问题是，否定之后，又提不出任何有益的建设策略，最后只能在牢骚满腹中变得玩世不恭，没有任何实际意义。

我想，在当下的环境里，对待古代教学中强调的"死记硬背"能不能加以修正？学习文学，"记背"之功是非要下足不可的，朱自清有言，学习文学而懒于记诵是不成的。中外如是，古今亦如是。那么，我们能不能找到一种方式不必"死记硬背"，而让学生"活记趣背"或"乐记乐背"？

我想，只要大的方向对了，就语文教学而言，"读"什么内容确定了，"怎么读"的问题应该是能解决的。许多听过我的课的老师说，其实我的素读教学行为已经发生了巨大改变，不是古代私塾里的死记硬背，他们看到的是学生都在教师的指导下巧记巧背、乐学活用。

❸ 经典素读跟当前的语文教学有什么不一样？

我们看旧时只要有机会进私塾的童子，两三年功夫，就可吟诗作对，出口成章，挥毫成文，而现在的一个大学本科生连写一首打油诗都很困难。为什么？

其一，读书方法不一样。旧时的经典素读追求以记诵为目的，而今天的读法是蜻蜓点水，"雁过无痕"，翻阅千万卷却没有读破半部书。这种雁过无痕似的读，难以获得积累的功效。古人强调要忠实原文、一字不漏地背诵。整篇背诵的奇妙功效是不言自明的。唐代诗人杜牧在《答庄充书》中论述，好文章是"以意为主，以气为辅，以辞采章句为兵卫"的。任何一篇好文章绝不是字词句段的拼盘，可以随意拆散随意组合，它是"意"、"气"相连，受"兵卫"呵护而贯穿始终的。倘若断章取义似的读，大多数学生连整体的印象都难以形成，对文意的深刻感受自然也就很难奢望，更谈不上对作者行文"气"势的参悟了。

我们现在经常会让孩子们选择教材中自己喜欢背诵的段落去背诵，那么孩子们经常会选择开头第一段、过渡段或者最后一段，根本就没有整篇文章背诵下来，这种碎片似的记诵缺少整体意境，往往记得不深刻。难怪一个学期下来，学生翻一下语文书，似乎都学过，可真要说点或写点什么，又什么都不会。因而，大多数学生对课文中的字词句都没多少印象，只是了解内容，而难以达到对文意的深刻感受，更谈不上对作者行文的"气"势参悟了。

我们通常佩服学者的渊博学识，更倾慕他们的功底深厚。其实，他们读过的书许多人都是"知晓"的——知道其书名，晓得书中的片言只语。

清人张潮说："藏书不难，能看为难；看书不难，能读为难；读书不难，能用为难；用书不难，能记为难。"（清·张潮《幽梦影》）张潮对书的"藏、看、读、用、记"的评价告诉人们，"记"是第一位的，是背诵量决定了一个人运用语言的能力强弱。所以，好文章背诵得多，灵巧的词采、晓畅的章句、铿锵的声律、精密的谋篇，口诵心惟，日长月久，习焉不察，内化为自己能力的一部分。加上日后的泛观博览，慎思笃行，人性世情的历练后，常于不经意处却已层楼更上。

其二，今天入选小学课本的读本都是没有理解坡度的白话文，因而不必背诵。旧时私塾里的诵读本都是文质兼美的典范文献——经典，适宜储存。

伊塔洛·卡尔维诺在《为什么读经典》中说的一样："这种作品（经典）有一种特殊效力，就是它本身可能会被忘记，却把种子留在我们身上。"我个人认为，真正的阅读绝对不是只读跟自己的理解水平相当的文字，必须是有智力挑战的坡度，那些要深植我们记忆深处的文字，就更应该是那种值得我们一辈子"玩味"的文字了。比如，我小时候读《增广贤文》中有一句话"近水楼台先得月，向阳花木早逢春"，这个句子好懂吧？可是，我可能属于特别迟钝晚熟的家伙，到初三时，有一天发现我家后院种的月季，向南的那边的花开得多且大，而北面缺少阳光照耀的月季叶子长得大且绿，花儿开得很少。于是猛然间明白了"向阳花木早逢春"的含义。如果当时我的记忆里没有储备这句话，也许就不会有那么深刻的感受。我总认为好的文字是一贴养身的良药，其药效是明眼难见其猛劲，身心却受其滋养。到了一定的时机，总会因其存在而福德圆满。比如，有多少少年能懂得《易经》里乾卦第一中的"潜龙勿用""亢龙有悔"？但是，这样的文字储存在记忆里，就会是我们人生的护心丹，紧要关头，它们总会起到回天有术的奇效。

此外，单从语言的传承规律而言，古人将经典素读作为母语学习的主要途径，可谓是最便捷最有实效的方法。

比如，你让三岁的孩子读《儿歌三百首》和读《诗经》《唐诗三百首》这样的文字哪一种更有意义呢？有一次，我教三岁多的女儿读《蚂蚁搬虫虫》，原文是："小蚂蚁，搬虫虫。一个搬，搬不动；两个搬，掀个缝；三个搬，动一动；四个五个六七个，大家一起搬进洞。"我开始读了三遍，女儿边玩边听，却不跟读。第四遍，我再念："小蚂蚁，搬虫虫，一个搬——"女儿突然接口："一个搬，不肯动；两个搬，搬动动；三个搬，还没用。"我当时一边笑一边就想，我们一二年级的许多儿歌竟然是这些三岁幼儿都可改编出来的呀！这些内容给孩子们当娱乐读本是可以的，但是没有必要费工夫储存。同样是讲虫虫的，我宁愿选择《诗经》里的《螽斯》来记："螽斯羽，诜诜兮，宜尔子孙，振振兮；螽斯羽，薨薨兮，宜尔子孙，绳绳兮；螽斯羽，辑辑兮，宜儿子孙，蛰蛰兮。"多美的象声词，多美的意境和格调！那些大虫虫如何能跟这样的文字在一个人的记忆中比肩而立呢！大卫·亨利·梭罗说："首先要读最好的书，以免来不及将它们读完。"

母语教学或语言教学的特质是需要大量诵读乃至记诵。针对一篇经典文章，学习目标虽然可以从多个层面定位，比如：1.理解；2.赏析；3.感悟意境；4.概述大意；5.生发多种讨论的话题……但对学习者而言，文史类的文本学习最为重要的其实只有一个：诵读乃至记诵。而几十年来的教学模式恰恰把最重要的环节省略了，从小学到大学，学生对母语中的经典文本的记诵量几乎可以忽略不计，这是导致母语文化严重滑坡的致命因素。

❹ 素读提倡的"积累"理念很好，可为什么会被摈弃呢？

"把读书的时间还给学生"的呼声已经深入人心，读的次数多少甚至成为评判一节课好坏的标准。目前，语文教师们对读的训练很舍得下苦功。比如，为回应老师的抒情而多次齐读一句话或者一个词，为了突出某一个主旨而要求学生反复朗读某一个段落或片断，为增强感染力选一句作总结性宣读……然而，这种过于功利的、充满了"技术"因素的朗读不仅显得欠缺真情，更因那种种花样繁多、支离破碎般的朗读，让我们鲜见学生有机会能把一篇文章完整地来回读上两三遍；汉语言内在的音韵、节奏之美学生更是无从体验——因为朗读的时候老是惦记着老师种种深奥的问题，哪里还顾得上其他。故而，通常是感人至深的文章，学生却只存留了内容上碎片似的记忆。

不由得想起南怀瑾先生说的话："现在的读书是中学以后，小学的不要了；大学以后，中学的不要了。大学读到考试出国留学，以前几十年读书都浪费了，都不要了。"他还说："我们以前读书是这样读的，会背来的……不要讲理由，老师说读啊，我们就开始吟唱了……结果几十年过去了，还装在脑子里。"（《南怀瑾讲演录》上海人民出版社）南先生所讲的这种读法跟我们今天的读法是大相径庭，这就是中国古代沿用了两千多年的私塾读法，被日本人定义为素读法。

现在我们知道，这种做法的初衷和终极目标都体现为"积累"：在童蒙时期输入大量的文字信息，以期达到将来的厚积薄发之功。这种理念照说该被沿用传承才对，可为什么被摈弃了呢？这跟废止经典诵读的举措有关。

从春秋时代到清末废除科举，中国人读经（主要指"四书五经"）的历史有 2400 多年，一直是采用私塾授课，而私塾授课其中最主要的学习方式之一就是素读。1912 年 1 月 19 日，首任民国政府教育总长蔡元培颁布了教育法规《普通教育暂行办法》，下令"小学读经科，一律废止"。"五四"新文化运动以后，"四书五经"更是首当其冲被视为封建主义的罪魁祸首而遭批判。从此以后，入选中小学课本的都是大白话一样的文选，自然不需"念经"似的记诵，以背诵为主要目的的素读在课堂上就此式微。而此时，西方杜威经验主义新教育观传入中国，加速了被斥之为"死记硬背"的读书法连同读经理念的衰落。（《中国教育发展史》，

华中师范大学出版社）

应该说，五四时期的反文言文、废除"读经"，对于当时的社会追求科学与民主有独特的价值，是形势发展的必然。然而，历史发展到今天，对于彻底废止文言、彻底禁绝"读经"，似乎也有反思的必要。近一个世纪过去了，回顾母语教学之路，我们远离经典的脚步应该有所修正了。

❺ 没有相应的评价体系，您为什么坚持要开设素读课程？素读要获得怎样的功效？

首先是因为我是教语文的，我认为我们母语的根在历代的经典中。

其次，我认为教学活动的目标不该止于评价，所以，我从来没有为"被考核"的问题困扰过。我任教的学校每学期也要考试，有统一的试卷，要计较平均分。我是很普通的一线教师，当然也要受分数之累。但我是这样想的，平均分不该成为我的镣铐，不要去追求平均分的绝对高值。看看，我们现在对分数的追求是不是越来越不理智了？一个孩子从一年级起，就开始在语文、数学、英语三科中挣扎，目标就是三科要求都是满分，至少也得九十分以上。这是十分可笑且可惧的行为！我们的前辈中那些各行最优秀的创造人员中，有多少小时候是被这样要求过的？明明规定是"六十分及格"，却非要追求到满分。试卷上得"及格"，或得"良"，说不定就有许多时间能锻炼其他方面的素养得以成为"优秀"。再说，有素读训练基础的孩子，考试怎么着也不会差到哪里去的。我教过的班级，每一次考试，评卷的老师都说我们班的孩子的作文得分总是最高的。有些老师在联考中会让孩子背诵范文，教学生按作文模式去套，而我从不会在临考时给学生做这样的训练，甚至越是考试临近，孩子们越是有自主掌控学习内容的自由。

经典素读要获得的是远行的能量，而不仅仅是当下的分数。退一步说，即便当下的分数不高，经过素读训练的学生以后也会有足够的能量远行。我想要的功效是，让教育为未来储备精神能量和实践智慧。

❻ 您是在什么样的契机下走上素读之路的？

1990年我大学毕业，分配到小学教一年级孩子们，好不容易来了个大学生给小学生上课，大家都带着期望来听我的课。但在大学我读的是纯文学，根本不知道怎么教书。第一次有人来听课，校长带着很多老师进来，40分钟的课我15分钟就讲完了，我不知道怎么讲，就带着孩子们从第一课一直读到第十课，可想而知那节课上得是一塌糊涂。

每次有人听课时，我的课虽然是事先准备过的，但是一上公开课，我老是忘记前面或者后面，很乱，每一次都会出现这种状态，而且在课堂上的语言很啰唆，老是怕学生不懂。每一次评课的老师否定的多，肯定的极少，但是否定的评课老师每个人说出来的标准又不一样，这就让我无所适从，到底怎样的课才叫好课。

那个时候我就开始想逃离这个课堂，想去考研究生，想跳槽，一直到1993年，我对教学都很失望，自觉没有能力胜任，管班也管不好。

同时，我觉得语文教学的效率很低，加上那时候读了好多对语文教育批判的文章，尤其是王丽老师写的那本《误尽天下苍生是语文》，对我触动很大，触动我去思考一些问题，就是我们的孩子被陷在这个题海里面出不来，最可怕的是耗尽了心力。六年甚至十二年里面，很多孩子、家长、教研员和老师四方的力量解决不了那本薄薄的语文课本。我刚刚参加工作时也感慨，发现日复一日地上那本只有三十来课的语文课本，含金量非常少，语文应该不是这样的。那时候我开始思考，到底我们的孩子应该具备什么样的文化素养？在我看来，语文给孩子的不仅仅是认识字，它更多的是关乎一个人一生的文化素养，而这些素养都应该从语文里面来。

机缘就在这个时候悄然来临了。

1993年，我们二年级的班上来了一个日本孩子，一句汉语都不会说。他爸爸在北京工作，妈妈是广东人，因为我爱带孩子们读书，所以就送到我们班了。他从来不说话，只是用肢体语言跟我交流。

那时我也不想教书了，就带着孩子们读一些"闲书"。当时这些孩子虽然读了一年多的书了，却没有背下一两首诗，于是我就把我的记忆里面，或者是我书柜里面有的，我认为比较好的名言警句摘录下来，抄在黑板上，那时候也没有电脑、打印机，很多时候就是油印。那一年我也做班主任，开始用这些名言名句去教孩子，发现组织纪律好了很多，而且班风大大改进，我们校长就认为我在做班主任工作上下了很多功夫，说很值得表扬。

有一天我带孩子读《论语》，当我在黑板上刚刚写出来"己所不欲，勿施于人"时，那个日本孩子马上用很模糊的普通话念了出来，我非常惊讶。后来他爸爸从北京飞到广州请我喝茶，我就问他是怎么让孩子记下中国名言名句的，他说在他高中时，所有的学生必须要背《论语》。他在我面前用很纯正的中国普通话把《离骚》从头到尾吟诵了一遍，而且他用的调跟我们不一样，后来我才知道这叫吟诵。可能背诵的人会有，但吟诵是完全不一样的。

那一天我非常感慨。为什么？我的外婆小时候教我读书就是用吟诵法，但是我当时还经常笑她，觉得她读书像唱歌一样。于是我对日本的教学产生了兴趣。这个家长非常好，就从香港给我寄来了当时香港翻译的繁体字的日本人的研究文集，其中就有七田真先生的教育文集和筑波大学加藤荣一教授的文集，里面提到了中国古代私塾的教学方法。加藤荣一教授的《天才满世界》里有这样一段描述：

"1991 年 3 月 1 日，我在竹村建一先生的宴会上遇到了创业家井深大先生，我向他请教'使脑子变聪明的方法'，他回答说：就是要大量的死记硬背啊。古代日本人的做法就是'素读'——不求理解含义、只照着字面朗读汉籍。战前获得诺贝尔奖的日本科学家有 10 个人，他们全都作过这种'素读'练习。汤川秀树先生从 3 岁就开始接受这种训练了。那时候他学习的有《论语》《孟子》等，除了老庄不教，因为不适合儿童学习。但是少年时代的汤川秀树自己把老庄也读了，觉得很有意思。这也是为什么后来量子力学出现时他一下子就理解了，而其他人却不理解的原因，就是因为他读了老庄。"

研读他们的文集以后，我再回过头去看我们现在的教学，才发现自己走在一条偏离母语教学规律的路上。后来我就开始比较现在的教学和古代私塾的教学的优劣之处。从教学内容来说，各有优劣，但是我更偏向于古代的启蒙教法。关于这一点，张志公先生在他的《传统语文教育初探》里面有比较。

当时想为什么没有一个人敢于去突破一下呢？我就想尝试去做。1994 年，我要求学生背一百句经典名言。有时候我就抄在黑板上，让他们抄在摘录本上。每条也就二十来个字，总共不到两千字。《增广贤文》选一些，《朱子家训》选一些，《四书章句集注》选得比较多。1998 年开始读《弟子规》，也不敢全部读。后来才知道王财贵等在推动诵读，到了 2000 年时，我才敢大胆去做。

❼ 小学语文教学的怪象表现在哪些方面？对此陈琴老师是如何做的？

小语教学之怪象所造成的大患是有目共睹的。首先，现在的小语教学普遍推崇"重讲解、轻诵读"课堂行为；大多数老师教给学生的是"重题型训练、轻文字濡染"的习得策略。从语言的习得规律来看，这是不科学的。

中小学生语文素养的低下早在 20 世纪初期就有不少人发现了，并且成了一个全球性的共性问题。美国在 20 世纪 40 年代也提出过相同的问题。为什么会这样呢？我想很大程度是我们的语文课堂运用的教学方法不对。比如，我们把学习自然科学的方法完全植入语文课堂里：重理解，轻记诵；重解说，轻自读。我们今天面对的批评，其实从上个世纪初就一直没有间断过，因为我们一直没有及时修正语文的教学之道。

在我看来，语文教学所面临的所有困窘都是被一个瓶颈所限，那就是读得太少，积累太少。这似乎在讲一句废话——因为人人都知道。然而，近百年来，我们却一直没能从"讲读"课文的模式中破茧而出。课堂上，我们被"培养兴趣"的光环笼罩着，教师讲得唾沫横飞，最后总结时你会发现能令学生表现出所谓听的热情，其内容基本是低级趣味或没有多少储存价值的信息；而讲得过于透彻深刻的内容又常常令学生昏昏欲睡。低效的课堂是怎么造成的？就是老师讲得过多，学生阅读得太少造成的。上个世纪的那一代语文教育专家如夏丏尊、朱自清、蒋伯潜、叶圣陶等等都批评过这种极其低效的教学方法，可惜，我们没有多少人记得他们的忠告。

现在的孩子六岁入学，今后的六年都属于从摹仿口头语言转向摹仿书面语言的黄金期，属于储备语言的最佳年龄。小学生最大的优势不是理解能力和运用知识的能力，而是记忆力。就算在入学前没有得到过记忆开发的孩子，通过六年的训练，也可以有一个巨大的飞跃。

其次，语文教学重课内、轻课外的做法也直接导致了学生语文素养的低下。一周是七八节语文课，加起来也就四五个小时而已。老师如果要把每篇课文按照自己的解读深入讲解，常常是不够时间的。因此，一学期中，学生连课本中的五六十篇课文都没有读熟，却做了几百道练习题。大量练习题放在课后去做，课后成了学生课堂行为的后补或延续。学生没有自主阅读的时间，课外阅读几乎是一句空话。新课标规定的最低阅读量，大多数学生没有达到。我身边就有不少老师一个学期没有给学生留过一次课外阅读的作业，有些孩子六年毕业了，一本稍微有价值的课外书都没有读过，有些连《格林童话》《安徒生童话》这样的书都没有读完过。如果不是我亲自调查证实的事实，我怎么也不相信这种事发生在大城市的学生身上。

在一个相对平静的环境下，一个人的心智成长只有通过阅读得以提高。所以，我十分推崇吉姆·崔利斯的《朗读手册》，这是一本写给所有生活在太平盛世中的父母和老师读的书。我向不少人介绍过这本书，其目的是希望人们记住吉姆·崔利斯的忠告："阅读是消灭无知、贫穷与绝望的终极武器，我们要在它们毁灭我们之前先歼灭它们……大家所面临的任务是，让下一代的孩子深信，随身带书比带枪收获更多。"所以，谁把我们孩子的阅读时间占用了，谁就是残害少年的罪人！这是我一贯的观点。

其三，语文教学的中小衔接中的许多关键的问题从来没有处理好。比如读写的本末问题一直困扰着我。在整个小语教学中，读写的目标好像只凭字数篇幅来确定其难易程度。学生从一年级开始就陷入了阅读与写作的训练中，产生了严重的畏惧心理。从人的语言习得规律而言，除了个别天才，没有几个人在十岁以下能做到仅凭读过几篇课文就能写出好文章来的；而在十岁之前的作文基本上是没有办法仅凭教师的指导就可以提高的。因此，小学的中低年段最好不要强制性地写作文，对揠苗助长的作文教学我不赞同；对那些到考试时要么临渴掘井地进行强化训练，要么让学生背诵作文应考的行为我更是深恶痛绝。倘若有足够的阅读量和文字储备量，还怕孩子不会写那张试卷上的作文吗？《大学》开篇告诉我们穷通事理的方法是："物有本末，事有终始，知所先后，则近道矣。"为什么我们没有走上语文教学的康庄大道？我们对语言习得的"先后""终始""本末"都没弄明白，一说读就要写，一说写就要成为能刊发的作品，这是强人所难。

语文教学之怪象还不止于此，还有比如一味追求华而不实的课堂表演、多媒体的滥用，评价手段的僵化等，甚至语文在各科中的比重越来越轻，越来越边缘化，这都是一些令人心忧的现象。

正因为这样，我为学生开设了经典素读的课堂。我要让我的学生在今后的一生里都能切实地体会到——因为我是他们的语文启蒙老师而不会有遗憾。

❽ **素读不管是阅读内容还是方法都与私塾相似，但私塾教育在近现代是受批判被否定的，这该如何看？**

从春秋时代到清末废除科举，中国人读经（主要指"四书五经"）的历史有 2400 多年，一直是采用私塾授课，而私塾授课其中最主要的学习方式之一就是素读。1912 年 1 月 19 日，首任民国政府教育总长蔡元培颁布了《普通教育暂行办法》教育法规，下令"小学读经科，一律废止"。"五四"新文化运动以后，"四书五经"更是首当其冲被视为封建主义的罪魁祸首而遭批判。从此以后，入选中小学课本的都是大白话一样的文选，自然不需"念经"似的记诵，以背诵为主要目的的素读在课堂上就此式微。而此时，西方杜威经验主义新教育观传入中国，加速了被斥之为"死记硬背"的读书法连同读经理念的衰落。(《中国教育发展史》，华中师范大学出版社)

应该说，五四时期的反文言文、废除"读经"，对于当时的社会追求科学与民主有独特的价值，是形势发展的必然。然而，历史发展到今天，近一个世纪过去了，回顾母语教学之路，我们远离经典的脚步是否该有所修正呢？

"五四"运动 20 多年后，朱自清先生已看到了抛弃经典素读问题的严重性。他在《经典常谈》中说："读经的废止并不就是经典训练的废止……做一个有相当教育的国民，至少对于本国的经典，也有接触的义务。"因此，他提出："经典训练的价值不在实用，而在文化。"而钱伯诚先生在给朱先生这本书所写的再版前言中，旗帜鲜明地提出："经典训练并不就是恢复读经教育。恢复读经教育是开倒车，这是'五四'运动早已解决了的问题。但一股脑儿反对读经，走极端，弃之如敝屣，造成文化的断层，这是民族文化虚无主义的表现。这却是'五四'运动未曾解决好的问题。"(见《经典常谈》，朱自清，上海世纪出版集团 2006 年 4 月出版)

私塾的教学方式，有其弊端，这是不可忽视的。教学实践本来就是一种探索行为，需要不断继承和发展，不断修正和补充。私塾的不足，我们看到了，批判了；私塾的优势，我们是不是应该借鉴呢？别的不说，私塾里走出来的人群中，至少有过那么多我们当今课堂培养不出来的人才。单是 20 世纪前半叶的那一代文化人，哪一个不是学富五车、满腹经纶！钱穆 9 岁就熟背"三国"，除把"四书"全部"吃"到肚子里外，还背熟了《朱子章句集注》；更令人不敢想象的是，他后来还能背《史记》——史学大师就是这样锻造出来的呀！现在又有谁能像茅盾一样把《红楼梦》倒背如流，像鲁迅一样在幼小时期就背下了《纲鉴》，倘若不是有确凿的文字记载，谁能相信辜鸿铭竟然把 37 部《莎士比亚》戏剧全部背诵下来？而杨振宁在初入中学时背诵过整本《孟子》……

事实证明，素读中国的经典（经史子集）真的会使脑子变聪明。经典，是一个民族文化的血。不贫血的脑子方有活力。

❾ 素读跟一般的诵读和背诵有何不一样？

诵读，不一定以背诵熟练为目标。以朱自清的观点而言，诵读应该包括"朗读和朗诵"。背诵，是一种记忆目标，背诵的途径有很多，素读只是其中的一种而已。因此，诵读跟素读有所不同。素读是以朗读为手段、以背诵为目的，一般不包括朗诵。朗诵，有音乐和舞台表演的成分。

国内传统的语文教育专家中，我特别佩服的是吕叔湘、叶圣陶和朱自清。他们留给语文教育工作者的经验是非常宝贵的。我们目前遇到的所有语文教育方面的问题，都可以从他们的经验里得到解答。比如，朱自清先生的《朱自清语文教学经验》，我读过之后获益良多。朱自清本人就是最有发言权的语文教学实践者，小学、中学、大学的语文他都教过，他还处在一个新旧语文教学改革的风尖浪口上，再加上他所具有的厚实的学识底子和敏锐的思辨力，就专门的语文课堂教学总结而言，他的文字是值得每一位语文教师去借鉴的。

我的语文课强调的是素读多，朗读多，朗诵少。素读要求一字一句地读清楚，读出意义停顿的节奏来。因为在典籍中，每个字都很重要，有些甚至不能替换。这样记下的文字对今后的影响才更有效用。我们现在的语文课表演成分太多，浸在纯文字中的时间太少。多媒体进入课堂之后，老师们动不动就打开音乐或画面。其实，很多时候，音乐的表现过强会弱化读者对文字的敏感性，画面的直观更会淡化文字的内涵。

弄清楚这些概念（素读、朗读、背诵、朗诵）对语文教学还是有一定的帮助的，比如，可以把朗诵作为语文教学中的即兴表演，在小学阶段，有些孩子不一定能学得会朗诵或本身尚欠朗诵的才能都没关系，但必须学会朗读，并且养成素读的好习惯，目的是背诵一定量的文字。另外，知道这些概念之后，就不会在课堂上陷入读的盲区，才能消除小学生对开口读的畏难情绪。当我们总以艺术家朗诵的形式来要求孩子们读书时，实际上是要花很多时间排练的。我知道欧美的许多学校把朗诵作为一门单独的艺术课，而语文课只是教读书，教语言的习得和运用，而不是教语言的"表演"。

＊　＊　＊　＊　＊

❿ 许多老师认为提倡广泛阅读就够了，如今提倡素读这种读书方法，有什么现实必要性和依据？

阅读的积累与素读的积累不一样。经典文质兼美，适宜储存，作为种子留在身上。

有关犹太教育的研究文献很多，都给我们揭示了一个成功教育的事实：一是经典训练的重要，一是素读的必要。也就是我们今天正在思考的"教什么""怎样教"或"读什么""怎样读"的问题。

无论我们是想获取种子之功，还是想传承或建设文化，经典训练都是不可或缺的。现在中国的大学有一批有识之士把通识教育引进了课堂，效仿西方先进的大学教育理念。倘若我们能像犹太教育那样，在中小学阶段就把通识教育的基础课程很好地完成，何苦还要等到大学再用两年的时间来读背那些启蒙读物呢？再者，现代心理学和生理科学都已经证明，人生记忆的黄金期是 12 岁之前，以后则是不可逆转地递减。所谓幼学如漆，确乎如此。

《钱塘晚报》上刊登现在文科生失业率高，就业率达不到 10%，理科生能达到 60%，我想我们需要反思的是：现在的文科教学培养出了真正的文科生了吗？如果我们的文科生是真正的文科生，还会失业？如果你对中国的文字能像许慎的《说文解字》那样倒背如流，还会欠缺语言的能力吗？现在书法课程开不下去，是因为缺书法老师。也正因为我们现在的课程没有培养出真正的文科生，所以在别人看来是百无一用中文系。从辜鸿铭等前人的读书故事我们可见素读之功。以前的小学包括三方面：训诂学、文字学、音韵学，三方面都相通，一个人要是有机会能进入私塾读三年就可以出来就业。

所以不是社会抛弃文科生，而是文科生根本就没有练就适应社会的能力，这才是问题所在。

七田真在他的调查报告中多次倡导日本当今的教育要学习犹太人，将经典素读的训练重归教育。我们呢？是不是也该将被抛弃过久的素读重新迎入学门呢？

⓫ 开展经典素读对后进生提升的功效如何？

从我们的教学实践来看，开展经典素读对现在后进生的功效更大。

没有经典在课堂的畅游，学生的素养大幅度滑坡。我们现在的常规教学会产生两极分化，好的会很好，差的慢慢厌学，甚至弃学，经典素读不会。经典素读让好的会更好，差的也会相对提升，它不会让孩子产生厌学情绪。所以在我的班级里面，通过两年的时间，几乎没有一个孩子说不喜欢语文课，也不会说不喜欢这个课不喜欢那个课，所有的孩子都以很快乐的心态接受所有的课程，这就是经典素读带给他们的功效。

⓬ 没有素读训练和受过素读训练的学习效果有何不一样呢？

许多人质疑，今天的学生是否还有必要接受经典素读训练呢？不是已经提倡大量阅读了吗？

是的，我们现在提倡大量阅读，可是却不敢提大量记诵，大量素读。翻阅千万卷，却没有读破半本书。大量阅读是必须的，我们可能会获得很多信息；可是真正常用的东西我们没有放在记忆的深处，信息量依然是外在的，没有成为我们内心的一部分，我们的文字功底依然薄弱！

所以，我们要明确一个清晰的概念：阅读跟素读不可等量齐观。阅读的积累和素读的积累是不一样的。素读积累更以背诵为目的。

我们通常佩服学者的渊博学识，更倾慕他们的功底深厚。其实，他们读过的书许多人都是"知晓"的——知道其书名，晓得书中的片言只语。然而，正如钱伯诚先生所言，对经典的学习现在是"浮在表面者多，赶时髦者多，而注意基础训练者少"。所谓浮于表面就是"翻看"，雁过无痕或蜻蜓点水似的阅读，这适于浏览书刊；所谓注意基础训练就是扎扎实实做到熟读成诵，要进行素读训练。

没有素读训练和经过素读训练的效果有何不同呢？

比如就作文和读书的关系而言，我们信奉了古人"劳于读书，逸于作文"的知见。可我们现在的孩子为什么怕写作文？是见闻不够吗？当然不是！现在的媒体信息大量充斥孩子们的世界，他们的活动也是精彩无限。放眼一看，哪一个孩子不是在忙碌中过日子的？是看的书少么？你去掂量一下孩子的书包，哪一个朝代的童子会像今天的小学生这样不是背着书包，而是要拉着带滚轮的书包上学的？那书包里装的书五花八门！可是，真要动笔写点小文，就犯难了。

格雷厄姆·格林在《消失的童年与其他散文》中告诫人们："从人生的前14年所读的书中，我们获得的激励与启示，如今从书中所获得的，怎么能与之相比呢！"印证了前人对"幼学如漆"的知见。

我们再看看犹太人是怎样重视背诵的：在孩子刚会说话时就教他们读《旧约》，到5岁时就要记住全部《旧约》。（《犹太文化精神》）谁能说犹太人的这种做法跟这个民族今天能以种种智慧的优势屹立世界没有根本性的联系呢？

现代科学已经证明，记忆是智力的最重要的因素之一。任何的学习都不可能只凭理解而不依靠记忆，尤其是语言。因为语言的学习离不开摹仿，正如杜松柏先生在《功夫全从背诵来》中所论述："一方面熟能生巧，由背诵烂熟之中得到法则；一方面由有之而化之，书背熟了，辞汇自然有了，成语也蕴藏一一点化，则能自成格调，不落前人窠臼，神而明之，便能达难达之情的地步了……看来字词安顿的工夫，亦在背诵了。"可见是背诵量决定了一个人的语言提升进度。古人说："操千曲而后晓声，观千剑而后识器。"母语的学习何尝不是如此。

⓭ 经典作品为什么需要素读？

这跟经典作品的特质有关系。

　　我们一生中邂逅的文字不计其数，然而，能对我们有影响的书籍必是经典作品。意大利的伊塔洛·卡尔维诺是我最崇敬的当代作家之一，我喜欢他的小说，也喜欢他的其他论述性文集。他的《为什么读经典》虽然属于学术论集，可是，因为他那罕见的文字天赋，其中的许多章节我都吟诵过。在这部书的序言中，他对"经典作品"作了十四条定义，每一条都注释得非常精准。比如，第三条是这样定义的："经典作品是一些产生某种特殊影响的书，它们要么本身以难忘的方式给我们的想象力打下印记，要么乔装成个人或集体的无意识隐藏在深层记忆中。"他这样解释："这种作品有一种特殊效力，就是她本身可能会被忘记，却把种子留在我们身上。""一个人的成年生活应有一段时间用于重新发现青少年时代读过的最重要的作品。"

　　经典作品是我们精神世界的种子，只有把种子深植心田才会有生根发芽茁壮成长的可能，否则，再好的经典"种子"都只能是雁过无痕、行云流水般逝去，不可能有被我们"重新发现"的机会。因此，经典作品只有经过素读，装进我们的记忆深处、成为我们想忘都不能忘的内容才有功效，一般地读，作用不大。

⓮ 为什么现代人还要读那些距今已经一两千年的经史子集？

　　许多人质疑：为什么要读经典，并且还要读那些距今已经一两千年的经史子集？这个本来十分浅显的道理，由于一百多年来反对声浪的喧嚣，变成了争论不休的宏大课题。这些都非我这样一个小学老师的三言两语可力透的，姑且不做详论。但从母语教学的规律而言，经典训练，却是一个不可模糊的概念。

　　汉语的发展具有非常强的因袭性。早在春秋战国时期，我们的母语体系就已经相当完备了——语言的词汇、词性结构、句法结构以及音乐质感等各方面都已相当成熟。每一个读过诸子百家典籍的人，无不被那精辟洗练、生动优美的语言文字所震撼。我们至今仍沿用的格言、成语等经典词句大多数源自诸子百家的学说，汉语言活力的源头就在我们的经史子集等典籍里。单是这些典籍的语言风格，就足为后世的模范。比如有学者这样论述《孟子》的语言，"后来统治了我国 2000 多年的标准书面语，在《孟子》那里已经臻于成熟，并成为后世古文家绝好的典范"（《30 部必读的国学经典》）。我们读先秦散文一直到唐宋八大家就会发现，这是不争的事实，后来的散文大家无一不受老庄及孟子的影响。尤其是政论语言，多是孟子之风。而我们现在所读的白话文章，就语言文字而言，却鲜见有经典文本那种精炼简约、晓畅准确的功力。而另一方面，汉语那些"能把种子种在读者身上的作品"（卡尔维诺语），几乎都集中在被我们称为"古文"的典籍里。几千年的中华文明史就靠着那些典籍为载体一路展卷到我们眼前。

可见，无论从汉语的习得之道还是对培养民族特质而言，都决定了我们不可忽视对本民族经典的学习。

著名作家白先勇先生说："如果我现在要教孩子的话，也要他念这些古书（《史记》《汉书》），暑假时也盯着他背古文、背诗词，我觉得这几千年的文化遗产，非常可贵。我认为念中国诗词，真是人生的一大享受……我觉得我们应该鼓励背书，多背古文、多背诗词，这对于文字表现是一种最好的训练。"（《我的国文老师》）

长期以来，我们止步于经典的扉页前，轻易不敢翻开。甚至身为语文老师，不少人已经连章回体小说都读不动了。而事实已经证明，一个没有经过"经典训练"的语文老师是底气不足的。以己昏昏，使人昭昭，这样的课堂怎么能令学生如沐春风？别的行业或许没必要皓首穷经，而语文老师却非得如此不可。

⑮ 为什么要先读中华民族的经典？

1902 年至 2002 年 100 年的时间，没有人可以说不把经典诵读传承下去就是罪人，每一个中国人都不会承担这么一份罪责，但是 2002 年之后，就会有一部分人将会被我们的后人唾骂，我们是他们的罪人，因为在 1902 年到 2002 年这 100 年的时间里面，我们还有一批受过经典教育熏陶的饱读诗书、中西贯通的人。若干年后，这一帮人都不在了，那么有可能我们的后人再去翻阅那些读不懂的书，就像现在英国人读莎士比亚的原著一样，是很少有人读得懂的。所以我们现在能够读得懂两千多年前的文字，中华语言几乎没有多大的变化，这就是中国人的福分。

钱穆在《国史大纲》序言里写道：

一、当信任何一国之国民，尤其是自称知识在水平线以上之国民，对其本国已往历史，应该略有所知。否则最多只算一有知识的人，不能算一有知识的国民。

二、所谓对其本国已往历史略有所知者，尤必附随一种对其本国已往历史之温情与敬意。否则只算知道了一些外国史，不得云对本国史有知识。

三、所谓对其本国已往历史有一种温情与敬意者，至少不会对其本国已往历史抱一种偏激的虚无主义，即视本国已往历史为无一点有价值，亦无一处足以使彼满意。亦至少不会感到现在我们是站在已往历史最高之顶点，此乃一种浅薄狂妄的进化观。而将我们当身种种罪恶与弱点，一切诿卸于古人。此乃一种似是而非之文化自谴。

四、当信每一国家必待其国民备具上列诸条件者比数渐多，其国家乃再有向前发展之希望。否则其所改进，等于一个被征服国民或次殖民地之改进，对其国家自身不发生关系。换言之，此种改进，无异是一种变相的文化征服，乃其文化自身之萎缩与消灭，并非其文化自身之转变与发皇。

在德国，有至少三分之一的家庭，都放着一本老子的《道德经》。韩国有个公司，凡是外派的员工，都要能够背诵《论语》和《道德经》。日本人在八十年代，全国有几千所诗歌会，背的全是中国的唐诗宋词。美国总统尼克松写过一本书叫《1999：不战而胜》，不战而胜是孙子兵法里最高的境界，在那本书中，尼克松说了这么一句话：当有一天，中国的年轻人已经不再相信他们老祖宗的教导和他们的传统文化，我们美国人就不战而胜了……
＊ ＊ ＊ ＊ ＊ ＊ ＊ ＊

⑯ 小学生是否适宜读经典？经史子集是否适宜小学生读？

　　小学生到底是不是适宜读经典，经史子集是否该读？中国两千多年的私塾教学史已经给予了肯定的答案。古代的中国孩子能接受，为什么现在反而不行了。从孔子时代开始，我们的前辈就已经把"文字"的质量看得很高。《学记》中记载，对学生的考查是："一年视离经辨志。"
＊ ＊ ＊ ＊ ＊ ＊ ＊ ＊ ＊ ＊ ＊ ＊
孔子曾说："不学诗，无以言。"倘若不是从童蒙时代就开始经典训练，中国历史上怎可能出现那么多文化巨擘呢？其实，不止中国，任何一个优秀的民族都很注重用经典作品对儿童的启智教育，像大家熟悉的犹太民族，迄今为止，从没有间断过在幼儿时期就开始的经典诵读的训练。中国人不读经典的理念主要缘于新文化运动后的一代文化巨子们的激愤，像鲁迅就提出"中国古书，叶叶害人"。直至文革对经典的彻底否定，结果是我们以牺牲几代人的文化素养为代价。

　　那些"经典"因为其产生年代的背景，很多都带有"封建"印记，这样的作品让小学生读合适吗？每一部作品都会有时代的烙印，世界上也没有任何一本书所阐述的思想能穷通整个人类的历史和未来。经典在某个时候也只能起到"背景音乐"的效能。许多人担心读那些老祖宗留下来的经史子集会令孩子沾染封建气息，其实，这是一种愚昧的偏见。基督教的《圣经》不乏迷信的章节，为什么西方人从孩提时代就得背诵？

　　所以，现在已经是不需要讨论要不要或该不该经典素读了。白先勇先生说的"百年中文，内忧外患"已经是不可否认的事实了。我们现在需要致力探索的是：经典素读如何进入现在的课堂，如何为现代的孩子接受。

⑰ 哪些作品适合小学生开展素读训练？

　　在经典诵读教材的选编上，前人给我们留下了宝贵的经验，我们可以借鉴。比如，明清时期通用的蒙学读本，尤其是诗词，不仅是儿童识字的好教材，也是促进童蒙养成教育、培养语文兴趣的趣味读本，在低年段可大量背诵。

除此，"四书"中的《大学》《中庸》篇幅不长，加起来才一万多字，且行文优美，章节严谨，是完全可以背诵的。《论语》《孟子》中的精彩篇章或格言警句可以全背，而《老子》才五千字，多是对偶或正反串连的句式，朗朗上口。诗词之外，我个人还特别推崇《古文观止》《庄子》和《史记》中的某些篇章。小学生能将几本书中最经典的篇章背下来，到中学后，仅是文字功夫就非同一般。我觉得本民族的经典阈限要放宽，不可仅指旧时科举的必考书目。

此外，经典素读的训练内容也不可只局限于本民族的，外国的优秀经典读本也该适当引入。比如，到中高年段，泰戈尔、普希金、纪伯伦、狄金森等作家的名篇都该让学生熟练地选背一些。不过，对外国作品，我主张以阅读经典的人物传记和小说为主，主要是考虑在语言上，译作始终是被置换过的语言，真正适合背诵的内容比不上典范的母语文本更显精美。

要把经典素读与大量阅读联系起来，齐步走，通过广泛的自主阅读，为学生运用文字提供条件，学生的兴趣才更浓厚，语文素养也更深厚。

⑱ 具体来说，素读内容应如何整体安排？

具体来说，我给学生定的素读内容大致这样安排：由韵文和短小的诗词开始，渐次推进到各种典籍。

一二年级以诵读韵文、童谣、小令和绝句为主，200首左右的古诗词，100来首儿歌和童谣是不成问题的，《弟子规》《三字经》《千字文》都是这个时段背诵的，还背了《声律启蒙》的上卷。对联是不能错过的好文字。有一次，有几位老师还是教语文的，听过我上的对联课后，对我说："陈老师，我今天终于弄懂了什么是上联，什么是下联了。"你看看，如果你把《声律启蒙》或《笠翁对韵》让孩子背下来，不等完全背会，就背诵几十段，对联的基本知识也能无师自通了。那都是多好的文字啊：

> 明对暗，淡对浓，上智对中庸。镜奁对衣笥，野杵对村春。花灼烁，草蒙茸，九夏对三冬。台高名戏马，斋小号蟠龙。手擘蟹螯从毕卓，身披鹤氅自王恭。五老峰高，秀插云霄如玉笔；三姑石大，响传风雨若金镛。

78个字一段，典雅的文字，妙曼的音律，集历史、地理、天文和论理于一体，单从文字而言，这样的语言读多了，就不会让大量的汉字躺在字典里沉睡了。我们现在的字库在渐渐变小啊。以前我不知道，因为很少写文章，最近这一两年才知道，电脑里常敲不出我要的字。更好笑的是，有一次有个杂志社的编辑硬要把我用的词改了，说是怕大多数读者不懂。他这一说，我自己就脸热了，真感觉到了自己很酸似的。其实，语文老师有一份保护文字的责任啊。四大文明古国的文字中，只有汉字还活着啊。我们的前人给我们留下这么丰富的文字，现在能常用的还不及十分之一。我们的语言贫乏到一用动词就是"搞"，课堂里表扬的字眼就只有："好"和"棒"。所以，这些明清时期的鸿儒们给我们留下的最好的蒙学读本，应该打开来让孩子们诵读。音分四声，律有平仄，是汉语独具的歌吟特质，而那些顿挫有致、回环往复、一唱三叹的诗文才是最美的语言。

最近出版的丁慈矿编的《小学对课》也很不错。你听：

> 天对地，室对家，落日对流霞。黄莺对翠鸟，甜菜对苦瓜。狗尾草，鸡冠花，白鹭对乌鸦。门前栽果树，塘里养鱼虾。有时三点两点雨，到处十枝九枝花。

你要觉得《声律启蒙》有难度，这样的文字应该教给孩子们呀。很多老师总认为要先让孩子逐个汉字学会才能读书，其实，读书可以看作是教孩子说话。未识字，也可以先读书。读多了，识字量自然也够了。

三四年级我安排背诵《大学》《中庸》和《〈论语〉精选三十课》，继续背诵《声律启蒙》，150首诗词，《诫子书》《陋室铭》《爱莲说》以及各种优秀的翻译诗歌，比如泰戈尔、纪伯伦、艾略特、狄金森等等的诗文。

到高年级时就背诵《老子》和《孟子》选篇，诗词的背诵推至排律、长令。像《春江花月夜》《卖炭翁》《卖油翁》《木兰诗》等等都是在小学阶段就应该背诵下来的。泰戈尔、纪伯伦、艾略特等国外的名家诗篇或哲理散文都要背诵一些。

⑲ 您为什么提倡素读课程的班级化教学？

素读起源于古代私塾，但为什么您提倡素读课程的班级化教学？

经典素读课程为什么最好要班级化教学？

其一，大量的实例证明，依靠家长独自的力量在家里进行素读课程是非常艰难的。在当下的生活环境中，有多少家长具备引导孩子坚持读完我的课程内容的耐力？

其二，现代班级授课有许多方面优于古代的私塾模式。比如，师生的平等对话利于学生的身心愉悦，因此，您在我的课堂上看到我的学生发言从不举手，但言辞有序，礼节有度。我的课堂常常像是孩子们在聊天，而不是像古代私塾里要求学生正襟危坐，唯唯诺诺，重倾听轻交流；比如，现代多媒体的巧妙运用，能提升课堂效率，让大量跟文本相关的、有助于学生理解文本的信息很生动地在课堂上展现，从而增强学生的兴趣。

其三，班级化教学能创设有益于诵读的氛围，独学无友，不仅会孤陋寡闻，也会苦闷而无趣。班级里团体诵读的氛围会增进诵读的情趣和信心。个人领读，小组接力读，同位轮读，男女比赛读，表演读，跟着画面读，配乐读……这些方式，只能在团体中操作。

班级教学，加上现代多媒体教具的运用，可以让素读平实而不枯燥，让学生乐于接受。素读的方式可以在当代的课堂被重整，能获得更大的收效。

⑳ 经典素读教学对语文老师提出了哪些新要求？

依我看，经典素读几乎没有什么较高的微格技术要求，只要你肯带着孩子读书，就算非教师专业的父母都可以操作。但，要想获得好的功效，却不是随便读读就可以的。

首先，语文教师必须对母语教学有较为清晰的认识。在今天这个"教派"纷纭的时代，迎面而来的各种声浪，你能坚守什么，修正什么，全靠你自己的信念。有正信的教师，才不会在表面汹涌的浪涛中迷失航向。

其次，语文老师自己要是个读书人。这点很关键。我们倡导"书香校园""书香社会""书香家庭"，更应该倡导每一个教师都是"书香教师"。我始终相信只有爱读书的老师才能带出爱阅读的学生。我的学生很喜欢读我推荐的书，我的课上常常出现"聊书"环节，书是我贴近学生心灵的魔方。

其三，教师要有一点文言素养。文言是我们母语的源泉。不读文言读本的老师是不能真正领会母语的精髓的，没有古典文学素养的语文教师，可以当外语教师，但绝对不是优秀的母语教师。不读经典的教师，尽管匠气满身，却不可能是"书香教师"。遗憾的是，由于我们一直止步于经典的扉页前，许多语文老师连明清时期的章回体小说都读不动了。不过，就算自己的底子薄，也可以带着学生读。教师可以边读边成长，边教边积累经验。事实上，我看到许多一线的教师确实开始这样努力了。

对学生而言，老师是至关重要的。老师本身的读书精神也会感染学生。老师的读书态度对学生是最好的教育。

觉悟从重视小学课堂开始，从重视小学老师开始。许多人看不起我们小学老师，习惯用老眼光看人。就像有些人总会说："那谁呀，以前不就是一个什么什么的……"人家以前怎么啦？英雄从来出生低！跟你一起要饭被狗撵出门的那个人一觉悟成皇帝了，跟你一起托钵的人二十一天后在菩提树下一觉悟就成佛了。朱元璋、释迦牟尼不就是现身说法的范例吗？在一个信息和知识都可以平等获得的时代，重要的不是门第的高低，是我们觉悟的心。佛说：不怕念起，就怕觉迟。

有的老师总认为有关教育大事跟自己没关系，自己只是个工作人员而已，其实，每个人手里都隐藏着一个创造奇迹的魔术球，它的名字叫"担当"。有担当之心的人才会行走无疆。

经典的好处就是能开拓我们生命的格局，提升我们的思想境界，让我们心境澄澈，把目光投向远方。教师是肩负使命的特殊职业，教师肩负的一项重责就是传承文化。佛教有"衣钵托人"之法则，"衣钵"是什么？是讨饭的那个碗吗？如果我们手中的那个钵仅仅是讨饭的碗，那么，我们读老子的"虚其心，实其腹，弱其志，强其骨"自然就会把老子的境界看低了：一个以智慧烛照万代的人最后在我们眼里就是为了填饱肚子而已，我们自然难以看到孔子呐喊的"正道"究竟在何方。我们的许多大企业家到韩国和日本去向他们的企业家学习管理经验，结果发现，他们无一例外地大段大段地引用我们的儒家和道家文化。而更可笑的是，我们的那些精英们还有许多不知人家引用的出处。我们有幸生于儒道佛并行的国度，"儒"是什么？人之所需为"儒"；"道"是什么？脑袋认可的路为"道"，佛的中文意思就是"觉悟"。一个没有境界的人不会知道自己的真正所需；一个丧失思考力的人，自然不能觉也无所悟，这样的人脚下不会有自己的路，只能重蹈到他人的覆辙。

《尚书·兑命》中说："念终始典于学。"所有的成就都来源于学习。中国的第一篇有关教学的专论《学记》有一句经典："教学相长也。"在教学实践中，我们也要跟着学生一起成长。中国人读不懂自己典籍的时代应该结束了，至少应该先在我们的老师中结束了。我们要把经典的种子播在孩子的心田，终有一天，会发芽会茁壮。经典，是我们孩子的隐形翅膀，当时机来临，必能凌空翱翔。

㉑ 作为经典素读的引路人，教师该如何阅读？

教师的阅读，是个尴尬的话题。我自己并不是一个苦读的人。读的书很少，面也很窄。实在不敢在老师们面前卖弄。只是，有一个体会可以跟大家分享。我觉得语文老师一定要读完那几本摆在我们面前的经典名著——《论语》《大学》《中庸》《孟子》《周易》《老子》《庄子》《六祖坛经》。这几本书，加起来不足十万字，却足能证明中国为什么是儒释道三家统一的国度。

现在很多读书人都没有去读这些原著文字，却读了很多注解这些文字的书。比如，你没有读《论语》，却去读南怀瑾老师的《论语别裁》，那就是绕弯道了。唐朝的读书人比我们聪明，他们那时候也是面对着繁杂的书库，也主张胡乱地读，风吹哪页读哪页。可是必得经过一个虔诚的经典阅读训练期，也就是：经典素读。今天，面对浩瀚的书海，我们可以学学唐人的做法，由儒家经典再辐射到诸子百家。像苏东坡，就是这样。你看他读儒家的道家的法家的墨家的释家的，各家的代表名著全都烂熟于心。

五四之后，几代的中国人都错过了经典启蒙的训练，老师也是。师范院校里能练练书法的，工作后就算是有点底气的了，腹有诗书，是到钱钟书、季羡林那一辈人的绝唱了。2009 年 7 月 11 日，中国损失了两位文化巨星：季羡林先生和任继愈先生。那一天，我在新加坡的圣婴小学门前沉思：我们这个民族，还有能力培养像季羡林这样的真学者吗？18 岁的季羡林，在济南省立高中读书，他后来说自己五六十年来笔耕不辍，全因在这有位名叫董秋芳的国文老师。一年之后，19 岁的季羡林考入清华。但耄耋之年，他依然把自己一生的学养修为归于那位董老师的引路之功。可见，教师对学生的影响往往是终生的。

我想，举目而视，我们现在已经鲜见董秋芳那样有影响力的教师了。可是，我们可以一代代接力，总有一天，我们的课堂会成为再造大师学者的摇篮。

从我们自己开始，来一点小小的改变：每天挤出一个小时读点书，背诵一小段有分量的文字，任何时候开始都不算晚。在山东有一位我非常敬仰的陶继新老师，前不久，他告诉我一件令我十分震惊的事。他说自己是从 49 岁开始每天背诵一段文字，几年下来，背诵了好几本书。《论语》是这样背熟的，《老子》是这样背诵的，好多唐诗宋词是这样背熟的，现在开始背诵《易经》。因为坚持背书，退休之后，他开辟了一条新的人生之路，每年依然在写作，到处讲座，走进了文化研究的新天地。好书真是慈悲菩萨，总是有求必应。关键是我们有求取的心，应验总会依约到来。我最近在学英语，我一直希望自己有机会读一读纳博科夫和卡尔维诺的原著。这个愿望放在心里快二十年了。前几天，我去新加坡，跟那里的老师聊天，有英语环境的他们，仍每天都在坚持阅读和记忆英语单词。他们说，就算会讲英语，也不见得会阅读英文名著，因为英语的词汇变化快，50 年就是古籍了。每天阅读一份大的英文报，也会翻字典或辞典。我回来就开始有样学样，每天阅读一两篇英文，开始是 50 个单词，现在能读到 500 个词汇的短文了。我规定自己每天记 10 个单词，三年的时间，除去忘掉的，怎么也能记住四千来个词汇吧。有了这些词汇垫底，阅读原著应该不成问题了。

背书，是学习语言的最好方式，尤其是外语，除口语外，要掌握书面语，就靠背书。我前面提到的那位日本学生的家长，他能够用汉语把整首《离骚》背得滚瓜烂熟。我当时惭愧极了，因为除了开头的几句"帝高阳之苗裔兮，朕皇考曰伯庸。摄提贞于孟陬兮，惟庚寅吾以降"之外，我只会背"长太息以掩涕兮，哀民生之多艰。余虽好修姱以鞿羁兮，謇朝谇而夕替。既替余以蕙纕兮，又申之以揽茝。亦余心之所善兮，虽九死其尤未悔"。其他的都不会了。这位日本朋友促使我下决心要背诵一点艰涩的文字。

每天早上，我会准时在课室里陪我的学生诵读。有时，学生诵读"噫吁嚱，危乎高哉！蜀道之难，难于上青天"，而我在读"观自在菩萨，行深般若波罗密多时，照见五蕴皆空，度一切苦厄。舍利子，色不异空，空不异色，色即是空，空即是色。受想行识，亦复如是"。我们从一年级的"弟子规，圣人训，首孝弟，次谨信"开始，到二年级的"云对雨，雪对风，晚照对晴空，来鸿对去燕，宿鸟对鸣虫"，到三年级背"大学之道，在明明德，在亲民，在止于至善"，到四年级的"子曰，学而时习之，不亦说乎？有朋自远方来，不亦乐乎？人不知而不愠，不亦君子乎？"到五年级的"道可道，非常道，名可名，非常名"，到六年的"北冥有鱼，其名为鲲。鲲之大，不知其几千里也；化而为鸟，其名为鹏。鹏之背，不知其几千里也；怒而飞，其翼若垂天之云。是鸟也，海运则将徙于南冥。南冥者，天池也"。每天坚持，整本整本地背诵，滚瓜烂熟，反复巩固。六年，我们背诵了五百多首古诗词，背完了《弟子规》《三字经》《千字文》《大学》《中庸》《论语》《老子》，选背了《孟子》《庄子》《古文观止》《吉檀迦利》《飞鸟集》和《狄金森诗选》以及许多优美的散文诗。比如，海明威的《真正的高贵》，罗曼·罗兰《巨人三传》的三篇序言，鲁迅《野草》的序。这些文字，深深刻在孩子们的记忆深处的同时，也或多或少留在我的心田里。我特别感激恩斯特·卡西尔的《人论》这本书，他说"人是符号的动物"。把他这个观点，跟帕斯卡尔说的"人是思想的苇草"联合起来看，人就是依仗文字符号思想的动物。这么多年来，依着这些文字符号，我走过了人生长长的若干段漆黑的路。而我同样相信，我带给每一个学生小学六年的母语学习经历，也会是终生难忘的。

所以，教师，是阅读的引路人，是经典素读的示范者。没有教师的阅读，就不会有真正意义上的阅读课堂，也不可能培养出爱读书的学生。

㉒ 今天在课堂上盛行的读法弊端有哪些？

首先，我们现在的母语教育似乎只局限在学校的语文课程内，过于狭隘。家长、学生本人以及社会都把母语教育的重任寄放于语文教学上。古代的那种书香世家，现在举目为空；古时乡绅们营造的各种高雅的文化场所，那种让孩子一抬头一睁眼就感受到的墨香气息，现在哪儿有？而学校的课程设置，一次次把语文课缩减到极限。小学正是学母语的关键期，一周平均才七节课，而大多数小学语文老师都是班主任，许多语文课还经常被班务杂事占用了。常见老师们总是连一本教材都上不完，哪有时间让孩子在书海里浸泡？

其二，今天在课堂上盛行的读法，一是对所读内容在要求上没有确指性，太随意。课文后面所附录的要求是"选择你喜欢的段落多读几遍或背诵下来"，教师通常还会把这样的作业当作课后的家庭作业。这样的指令对于学生来讲仅仅是提供了"偷懒"的依据而已。要是把这样的训练当作家庭作业，结果是什么，绝大部分学生一是只读两三遍，二是只选择字数最少的段落来读。这种看似尊重学生的做法，其实是放任学生的惰性。没有确指性的要求实际上等于没有要求。让学生自己选择背诵的内容，前提仅仅依据"你喜欢的"为准则，在今天这样一个课业负担过重的大环境下，学生自觉进行背诵训练的是少之又少。

这种碎片似的记诵缺少整体意境，往往不深刻。因而，大多数学生对课文中的字词句都没多少印象，只是了解内容，而难以达到对文意的深刻感受，更谈不上对作者行文的"气"势参悟了。而古人强调是整篇背诵，整本书背诵。因而，我们看旧时只要有机会进私塾的童子，两三年工夫，就可吟诗作对，出口成章，挥毫成文，而现在的一个大学本科生连写一首打油诗都很困难。

其三，今天的读法，把方法当作目的，把训练过程当作结果，最后是没有获得读的成果。比如，我们在课堂上常常是这样要求学生读书的：读出一句话的重音，读出一段话的关键词。这本来没错，糟糕的是只停留在读出了关键词和重音就达到了读的目的了。而对于重音的处理常常是脱离整篇文章的情绪基调作独立的解构。很多时候，我们看到，所谓的重音就被读成了刻意喊出的口气重的音。事实上，是不是每一句话都非得要突出重音呢？叶圣陶先生说："你把一个孩子关在房间里，听他读书，如果你听到孩子是在读书，你是不对的；如果你听到他在用书本说话，那就对啦。"读书，其实就是说话。练习说话的过程不是我们读书的目的，也就是说把书中的话记住才是目的。我们现在是一学期过去，一本书读完了，别说能背出大段的文字，很多孩子连课文的题目都忘记了。由于我们的时间费在了读的拿腔捏调的渲染上，只要一开口就要求学生做到"美美地读"，读出意境和文字背后的含义。这样的训练偶尔为之是点拨，成为开口读书的常规要求就令人生畏，也没有功效。另外，新课标提出的"以读为本"的理念，被曲解为在课堂上就是练习"朗读""美读"而已，读的目的是什么？仅仅是获得浅显的感悟、提炼几个零碎的精彩词汇吗？真正的读，在小学阶段，应该是以积累语汇、背诵文段为目的。

其四，今天的教材虽然都是浅白易懂的短小的选文，整个中小学阶段没有一本完整的作品作为教材，这也是极其不利于培养一个人的阅读品质的。我们现在的孩子为什么很少能自觉地读完一本稍有厚度的书？大多数孩子就连自己喜欢的一本小说也是跳着读，缺乏沉潜书中的能力和耐性。而另一方面，教材里的文章学生鲜有不能自己读懂的，但教师却非要做足讲解的功夫，带着学生钻在字缝里参禅般地悟道。每一篇课文最后都成了语法、修辞、逻辑的解剖图。潘文国先生在其《危机下的中文》的序言中说："一百年来，我们是在以教外语的方式教母语。"这种教学方式最后的结果是什么？母语的血肉荡然不存，只有语言的声音形式而已。更严重的是，母语也就跟外语没有本质区别了。

其五，现在的语文课堂教学混淆了"朗读、朗诵、诵读、素读"的概念，使读的方式跟目标分离开来，几乎所有的文字都要求学生"美美地读"，而默读、素读、速读等能力基本没有时间训练。最明显的是把"朗读"跟"朗诵"混为一谈。朱自清在《论朗读》一文中也指出过这个问题，他认为日常的教学多用"朗读"——就是开口读，大声读，而"朗诵"是舞台要求较高的艺术表现。我们总是对学生作"朗诵"的要求，就会令很多学生怕开口读书。古人的做法就简单多了，他们没有这么多的名词术语，就是要求学生开口读——朗朗上口，在这里被理解为明朗而清脆的声音自口中传出，目的是为了准确无误地记住诵读的内容。

其六，单从识字而言，我们知道一个人只要掌握2400个常用字就可自行阅读。可是，我们现在要用六年的时间才让学生学完2500多个汉字。而历代私塾的素读，不追求讲解的精深透彻，学生有足够的诵读时间，日有所诵，在诵读中直接识记所读的文字，于反复的朗读中自悟自得。

那时选用的教材都是《三字经》《弟子规》《百家姓》《千字文》《千家诗》《声律启蒙》《笠翁对韵》《唐诗三百首》等韵文或诗词，每个汉字都是置于具体的语言环境中。即便是像《百家姓》这样没有情节难以分析的读本，也因韵律优美而易记易诵。学童在大量的诵读中不知不觉地熟知了文字的音、形、义，无须独立识字，也不需要学拼音，却有六书知识的渗透。如此口诵心惟的训练，一两年时间就可以认识大量的汉字，为早期的拓展阅读和写作打下基础。

显而易见，古人追求的是记诵量，并且要求完整地整篇地记诵，而不是断章取义、掐头去尾地记几句零散的、无序的句子。因此，他们不在诵读的方式上费力气，而是在记忆上下功夫。旧时私塾那种做法的初衷和终极目标都体现为"积累"：在童蒙时期输入大量的经典的完整的文本信息，为言辞行文确立了可效仿的典范，以期达到将来的厚积薄发之功。这是遵循了语文的习得之道。

我们现在提倡大量阅读，可是却不敢提大量记诵，大量素读。翻阅千万卷，却没有读破半本书，结果依然是胸无半点墨。所以，我们要明确一个清晰的概念：阅读跟素读不可等量齐观。阅读的积累和素读的积累是不一样的。素读积累更以背诵为目的。

㉓ 什么是经典素读教学法？其核心价值何在？

所谓经典素读教学法，就是选择本民族以及人类历史上公认的经典读本，尽量剔除源自于教师本人的"望文生义"的讲解，只做适当的字面对译，目的在把经典文本以反复诵读的方式烂熟于心，通过反复诵读获得积淀经典的童子功，以求他日的厚积薄发之效。经典素读的核心价值是在积淀，不在近期的考核。

经典素读教学法很简单，很朴素，你根本看不出它有什么奥妙，但是它获得的功效是我们今天的语文教学远远不能达到的。

大道至简似平常。我们一直苦苦追寻的语文之道其实是这样简单：老师读书，再教学生读书。

面对浩瀚的文字，这是最经济而有奇效的读书法。

读书要像呼吸的状态那样自如，不求人人并进，允许有点面的参差。总体来说就是课程内容理性化和目标理性化，要做到这两点，必须遵循文化传承的规则和遵循教育发展的规律，合理确定诵读的量：字数、篇幅、必背与选背的区分。

㉔ 经典素读教学法是否就是经典吟诵？

经典素读教学法有自己明确的教学理念、教学目标、教学方法和教学内容，自成完整的教学体系。经典素读教学法集素读、"吟诵"、现代多媒体应用教学等的优点于一身。经典吟诵只是经典素读教学法中一种方式，一个最重要的教学手段，两者不能等同。

以陈琴为代表的经典素读教学法在当前教育界尤其是小语界已经具有相当的影响力。它赋予古老的素读法以新的生命力，让它成为孩子们记忆经典的一条高效渠道，毫无疑问，这既是对传统的继承，也是一种崭新的创造。

㉕ 经典是指什么呢？怎么来确定何为经典呢？

伊塔洛·卡尔维诺在《为什么读经典》（译林出版社）一书中列举了十四条经典有别于非经典的特质，比如"经典作品是一些产生某种特殊影响的书，它们要么本身以难忘的方式给我们的想象力打下印记，要么乔装成个人或集体的无意识隐藏在深层记忆中"（第三条）；"一部经典作品是一本永不会耗尽它要向读者说的一切东西的书"（第六条）；一部经典作品是"那些先读过其他经典作品的人，一下子就认出它在众多经典作品的系谱中的位置"（第十二条）。卡尔维诺还有一句更为精辟的论述："这种作品有一种特殊效力，就是它本身可能会被忘记，却把种子留在我们身上。"

经典作品，有种子的能量！

如何确定一部作品是经典？卡尔维诺的标准是：经典作品"它使你

不能对它保持不闻不问，它帮助你在与它的关系中甚至反对它的过程中确立你自己"。真正的经典作品，必是那种任何时候你都能"一下子就认出它在众多经典作品的系谱中的位置"的作品。

我们一生中邂逅的书籍，你可以硬说每一部作品都是经典，但哪些作品曾经把种子留在了我们身上呢？哪些作品能为我们的想象力打下深刻的印记，把种子的能量蕴积于我们的深层记忆中呢？哪些作品让我们内心安静地"确立"过自己呢？只有经典作品！

依我之浅见，经典作品还有一个极好的标签：一部你未曾读过就令你内疚的书，一个民族没读过会令整个民族汗颜的书，一代人没读过就令一代人失根的书。这样的作品一旦缺席，就会令整个社会文化生态链断裂。

㉖ 经典素读是否就是"读经"？"大经典"应如何理解？

首先要澄清的是，我不赞同把素读经典简称为"读经"，为的是不与传统意义上的"读经"相混淆。我所提倡素读的经典并非传统称谓中的《诗》《书》《易》《礼》《春秋》十三经……之类的"经"，这类佶屈聱牙的作品属于专业阅读，不适宜全部做童蒙期的蒙学读本。

我理解的"经典"是一个大经典概念，跟卡尔维诺的十四条定义相一致。这类作品，已经超越国界超越时空，被认定为全人类精神的基础食粮。

以此为准则，《论语》《孟子》《大学》《中庸》《老子》《庄子》《世说新语》《古文观止》是经典，《圣经故事》《希腊神话》《拉·封丹寓言》也是经典；《山海经》《西游记》《三国演义》是经典，《雾都孤儿》《爱的教育》《汤姆·索耶历险记》《骑鹅旅行记》《格列佛游记》卡尔维诺的《意大利童话》也是经典；《爱莲说》《陋室铭》《正气歌》《春江花月夜》《古诗十九首》是经典，《吉檀迦利》《沙与沫》也是经典；李白、杜甫是经典，狄金森、艾略特也是经典；《史记》是经典，《荷马史诗》也是经典；鲁迅是经典，爱默生也是经典……当然，适合孩子们的经典还有绘本，还有童谣，还有明清时期盛行的蒙学读本，比如《弟子规》《三字经》《千字文》《千家诗》《声律启蒙》《唐诗三百首》……

㉗ 哪些作品适合给小学生开展素读训练？

面对浩瀚的书海，人类的经典已经难以一目穷尽。在当下的环境中，到底哪些文字值得我们煞费苦心地引入课堂，把它们种植在孩子的记忆深处呢？

首先，要从本民族的经典读起。我们可以参考先人的做法，低年段的孩子是识字黄金阶段，蒙学读本可选《三字经》《百家姓》《千字文》《弟子规》《声律启蒙》《千家诗》《唐诗三百首》这几本。尽管有不少人认为这些文字并没有多少深刻的含义，甚至有某些封建糟粕的内容。但是，不可否认，凡是前人的文字都是时代的产物，它的背后必定拖着长长的足迹，传递给后人的必是当时的气息。我们藉此才能上窥千古之物象，远视先民之遗风。从识字的效果考虑，这些读本是对现行教材的绝好补充。因为是韵文和诗词，孩子容易记诵，两年不到，就可背诵一过。中年段，我选择背诵《大学》《中庸》《论语》《老子》和大量的古诗词。《论语》的部分章节不需要完全熟练，尤其是一些叙事成分的句子，知道大概意思，比较熟悉就行了。但其他的都要求滚瓜烂熟。这几本书的行文很美，节奏感好，只要引导得法，没有多少难度。高年段继续背诵大量的古诗词外，还要选择背诵《孟子》《古文观止》《史记》中的精彩篇章。

其二，外国的优秀经典读本也该适当介入。比如在低年段有大量的儿歌童谣，中高年段有许多现代诗文选，像海明威的《真正的高贵》，泰戈尔的《飞鸟集》，纪伯伦的《沙与沫》，《狄金森诗选》等等。不过，对外国作品我主张以阅读经典的人物传记和小说为主，主要是考虑在语言上，译作始终是被置换过的语言，真正适合背诵的内容不如典范的母语文本更显精美。

其三，经典小说的素读也十分有益。茅盾背诵过《红楼梦》，钱穆背诵过《水浒传》，鲁迅、胡适那一代文化巨匠都是把中国的文史作品烂熟于心的，辜鸿铭能背诵莎士比亚所有的作品。培养孩子背一部分自己喜欢的小说，不仅有助于他品读作品的能力，也有益于提高他主动阅读长篇作品的兴趣。我在全班倡导孩子们背《三国演义》，还真不少孩子下了苦功去背诵里面的精彩片段。

其四，教材也是素读的好选本。入选我们教材的文章有许多是文质兼美的佳品，尤其是那些名家之作，背诵下来，比听老师精讲细嚼要强一千倍。所以，我的语文课是提倡通背教材的。即便是那些没有情节的说明文，孩子背下来，对他的语言积累也会大有裨益的。

要把经典素读与大量阅读联系起来，齐步走，通过广泛的自主阅读，为学生运用文字提供条件，学生的兴趣才更浓厚，语文素养也更扎实。

❷❽ 您是怎样在课堂上让孩子们背诵如此多内容的？素读时间从哪里来呢？如何在课堂上为开展素读留出时间？

经典素读的最大困难是挤时间。所有老师都感到难，因为我们许多老师用一个学期教一本教材都教不完。有些老师也推崇诵读经典，但是，往往把诵读的课业设为课后作业，结果，效果就不尽如人意。我们必须正视当下的教育环境，一是家庭普遍缺乏阅读氛围，我们不可能指望家长督促孩子完成诵读内容；二是背诵教学的式微已是不争的事实，除必考的内容外，大多数当代的中国人都不屑于记诵训练；再者，缺少激励，学生会缺乏诵读的热情，难以持久。因此，诵读的内容必须在学校完成，必须由教师来引导、督促。那么，大家都很疑惑，我的学生们是怎么能够大量诵读、背诵这么多内容？一二年级的时候背诵的《长恨歌》《琵琶行》等长诗，全班 47 个人绝大多数都能背下来。时间从哪里来？我实践得出的经验是，只能变革司空见惯的语文课堂教学模式，在常规的语文课堂上为经典素读留足时间。

其实，我们的语文课已经够我们用了。当然，要巧用。长期以来，我们太倚重那本语文书了，格物致知的精神在我们的语文课堂上被演绎得过于淋漓尽致。我认为再好的讲解都比不上孩子的朗读，让他把整本语文书背下来的时间远不如你讲解的时间多。我的好朋友，山东潍坊的韩兴娥老师，通常只用两个星期时间就上完了语文课本内容。我的语文课也是不按常规出牌，通常在每节课前会安排素读的内容，一首诗或一段话。有的课文几乎就是读，比赛读，把整篇课文背下来就够了。读书！我们把讲废话的时间用来给孩子读书，不就是变废为宝了吗？

没有时间的主要原因在于，教师在课堂上所讲的话总是比实际所需要多得多，而有些要求往往过度。比如，我们特别注重"阅读分析"，注重"品词品句"，研究每个句子的写法和精当，就是不让学生去读熟背诵。许多老师在低年段就开始教学生"研究"作者是如何遣词造句的，那个句子"在全文中"起什么作用，表达作者什么样的情感，忘记面对的是一班识字未足千、读文还不顺的孩子。每个年段的孩子到底需要什么，教师心中应该有个谱。

整个小学阶段，只有读，才是提高语文能力的硬道理。一节课连让学生熟读课文都做不到，有何意义？做那么多"深挖洞"的功夫，还不如把学生丢进语言的海洋里涵泳。当然，到了高年级，我也会讲，讲课文涉及到的知识点，要提醒学生注意。我的讲常常也是直奔主题，只讲语言文字的技巧，比如经常考的特殊句式，直接诠释作者行文走笔的精妙处，比如过渡句、构段方式等等，不重复学生自己能读懂的内容，有的完全是出于让学生学会应付考试而讲。目的是节约时间，大量诵读，大量自主阅读。

另外，我再重点说一下如何开展晨读。我带领学生提前半小时到校进行晨读，每次读20分钟，每周4天，让学生扎扎实实地去读，一进到教室里就是读书，养成一种习惯。具体来讲就是，8点20分上课，我规定孩子们7点50分到校，大多数孩子都能够做到，来一个就开始读。晨读我抓得很紧，一个学期有三分之二的时间我是一定要带着孩子们晨读的，三分之一的时间，我的学生就可能去读他们自己喜欢的东西。

我的晨读课像常规课一样，严格按计划执行。中低年段，每周语文课有两节课是诵读课，高年段是一节课，作业是每晚诵读 10 分钟到 20 分钟，但是我后来调查过百分之六十的家长说基本上做不到，回家基本上没读过。尽管这样我已经觉得很欣慰了，如果有部分还能够跟进，每天真能跟进 20 分钟，一天 40 分钟的时间是来读书，那么这个孩子肯定是非常优秀的。

我们可以想象，如此素读之后，我们的人文素养、处事待人、品性修为都将有着巨大的变化。

㉙ 若开展经典素读，现行教材如何处理？课堂时间如何分配？

我们来算算现在的授课时数，每周平均七节课，一节课是四十分钟，我们学校现在是三十五分钟。一个学期除去节假日按十六周授课时间来算，总共授课时间是不到七十五个小时。那么一学年用来学语文的时间不也就六天而已。而大多数语文老师都是班主任，经常要挪用大量的时间去处理班级琐事。真正用来学语文的时间多吗？不多。但是，却很费劲。一个学期下来，教研员、授课老师、家长、学生费尽心力就是奈何不了那三十来篇课文的语文书。为什么？问题当然是数不胜数。比如，同样一篇课文，不同的老师会有截然不同的教法。教法不同，其实内容的裁定上也是截然不同的。语文书中的每一篇课文，似乎什么都要我们教，结果是洞越挖越深，光明和养分越来越少。师生都在洞里挣扎着。

对于素读内容与教材的处理，我采取这样的策略：课文是范例，积累靠经典；技巧在课内，容量在课外。

我侧向于把课文当做范文来教。我觉得语文教材中的选文提供的仅是范例，完全不必把整个学期的时间都耗在语文书里。高年级一周 7 节语文课，我这样来安排：一节经典诵读课，一节课外阅读课，一节习作宣读课，剩下的四节是语文课。如此算来，除了练习，一个学期真正用在语文课本上的课时数大概就是 60 多个课时。平均两课时一篇课文。

我的课简单到只有三个环节：一是课前学，二是师生评讲课文特色，三是通背课文。课前，让孩子把每篇课文读熟，熟悉生字词。正式上课，我会根据课文听写或听说：比如《桂林山水》，我说："桂林的水真静啊——"学生就能基本说出下一句，不要求百分之百的符合原文，但关键词句要对。将预习熟读课文作为学习教材的重要环节，所有的课文让学生自己读熟练，能力强的孩子甚至先背诵下来。

一册教材的课文只有三十篇左右，通背并不是难事。用于课前学的预习时间只需三十次作业，有预习作业的时候就不用写其他的书面作业。教给学生一定的自学方法，比如预习时，让学生用简易的思维导图从三个层面解读课文：A. 写什么——内容追问；B. 怎样写——对叙述章法谋篇的揣摩；C. 知识点——对修辞句法及精彩片段的研读。正式上课时，就直接突破重点和难点，避免漫谈无度。

我始终觉得教师一定要根据自己的个性来上课。我属于不善于在细节上下功夫的人，那些大师级的精美课我一点都学不来。也曾经下功夫去揣摩过那些设计很精致的课例，搬到自己的课堂上时却画虎不成反类犬。

㉚ 若开展经典素读，老师们应如何应对考试压力，如何帮孩子化解考试压力？

如果老师的考试压力不减轻，诵读课程是没法进课堂的；如果孩子的考试压力不减轻，诵读课程也是没法进课堂的。我对老师、家长都是这样说，不要养成一种为考试而读书的心理，但学会应付考试是必要的。

对于老师来说，首先要把整个小学的教材和教学目标熟透，适当地取舍。我试着把一个学生六年里在小学该学到的语文知识大致分成四大板块十四个基础点。

第一模块：1. 汉语拼音；2. 识字量；3. 要掌握的基本词语；4. 会正确书写。

第二模块：5. 认识并运用几种常见的标点符号；6. 会变换几种简单的句式；7. 会辨别几种简单的病句；8. 懂得比喻、排比、夸张、拟人等几种修辞手法。

第三模块：9.会写一段话的主要内容；10.会写一篇文章的主要内容；11.学习缩写。

第四模块：12.低年级学写几句简单的话；13.中年级会写一段有中心内容的话；14.高年级会写400字左右的作文。

也就是说，六年的时间里只要把这4大块14项训练点落实了，学生考试是不成问题的。

孩子考试不过关，原因在哪里？第一是书写不过关。平时不认真写字，所以经常会写错别字，减少错别字的最好的途径是认真书写，每一个字都很认真书写，这样孩子是很少出错字的；第二个就是回答问题的方式不对。他不知道怎么回答这些问题。比如要教会他回答简答题，上课时，如果涉及到某个知识点，一定要给他一个肯定的回答。孩子们对概念的理解是不一样的，十几个答案都有可能，如果我们也认可这种发散性思维，用到考试时是不对的，因为给分数的标准答案只有一个。平常讨论的时候可以尽量发散，但是一涉及到知识点，比如说涉及到对人物的界定时，一定要把一个相对正确的答案给孩子，要不然考试的时候，他就会乱。

字词关怎么过？每课规定写的字要过关，就在课堂上完成，不用写多，一个字写一次，或者写两个字组成一个词就行了，一般15分钟就把一篇课文的生字完成，只是低年级练字可能要慢一点，到了三年级以后，写那几个生字很快就完成，根本不需要一个词一个词去抄，学期末的时候或者一个单元结束的时候，老师认为学生掌握不了的，做成一张练习纸在课堂上来练，这样分散来练。很少有孩子是抱着一定要把不认识的字写好的心态在写字，大多数孩子都执行老师的作业令，他认为把作业写完了就已经完成任务了，这样子的功效是没有的。从心理层面去研究孩子的学习，就会发现很多老师做了好多无用功，没有什么意义。

为了抓学生书写关，字要写得很漂亮，我专门邀请林美娟老师的好朋友、书写专家蔡新书写教材里面的字，每个学期都给我们寄来，作为学生临摹的字帖。我教到哪一课，我就让学生专门临写这一课的字。因为现在教材里面的生字都是印刷体，孩子要重新置换成手写体，中间有一个断层，因此，好多孩子的字写得像木头棍子搭起来的，就是因为看印刷体看多了。现在读的全是印刷体，硬邦邦的，想要孩子把字写好，必须另花时间，去教他读贴。

以上教学目标中，写作是最难的，但却不能在中低年段开始做强化训练，必须以阅读积累作基础。所以，我把作文训练放在高年段。中低年段，学生只写日记，是自由日记，怎么写都可以，只要把话写通顺就行。到中年段，就鼓励学生"写有文采的句子"，把一件事情写明白。中低年段时，对于教材中的单元习作，我提倡教师写下水文，为学生提供一个参考的范式。如果连教师也无从着手写的题目，就由学生选作，可以写，也可以另拟题目来写。

把作文训练押后，主要是考虑到学生的实际能力，积累不够，行文就吃力。古代私塾对作文的起步很讲究，一般在私塾四五年之后才让学生提笔作文，还举行专门的"开笔"仪式。在我的素读教学中，低年段有一个目标，把句子写通顺。中年段把话写具体，就写一段话，比如这朵花很美，就指导学生写美在哪里，从哪些方面去写它的美。我经常跟年轻老师交流，我说要想把一篇文章写好，就用《心经》里面的六个字：色、声、香、味、触、法，就是把五官里的感受写出来即可。高年段把作文写精彩，一篇文章中出现一两段精彩内容就够了。考试作文的评审，老师很难从头到尾看，一般看一下构段方式清不清晰，书写漂不漂亮，然后就扫里面有没有几个闪光的字眼。

日记是训练孩子应考的一个好方式，一定要培养孩子写日记的习惯。我发现，成才的孩子都会写日记，有杰出贡献的人会写日记。如果你不写日记，你的生活，你的生命就是在浪尖上行走，浪花哗地一冲就过去了，不留下任何痕迹。我们之所以能够给这个世界、给我们的后人留下一点东西，都是因为有文字。所以要培养孩子写日记的习惯。中午一份报，晚上一段话，帮助孩子养成读报的习惯，关注社会的习惯，到了考试的时候就会有话说。这既顺应了"先输入后输出"的语言蒙养规律，也培养了学生作文的严谨态度。

就应付考试这个话题，我想还有一招，就是每个单元要做一张练习卷，每学期都有几张卷子专门用来应考，各种题型熟悉一下还是有必要的。

学生要会考试，考试的分数一定不能低。学生不会考试，家长或者学校都不会认可。我从来没有让我的学生只是读经典，读课外书，然后就不要分数了。我没有这么清高。我把三分之一的时间放在教材上，三分之二的时间放在课外阅读上面。学生很轻松地去考试，但是考试成绩往往是名列前茅。考试是不用怕的，因为考来考去基本的东西没有变。

现在好多老师怕学生掌握不了，每周一小考，每月一大考，其实这会造成孩子的挫败感，觉得学习就是为了考试，而且会慢慢地厌学。我经常讲一个案例，一个人的学习过程是经不起折腾的，就像煮饭，如果没有熟的时候总是揭开盖子去看，这个饭绝对是夹生饭，而且煮到最后都很难熟，也没有味道，就得让他闷着，一直闷，闷到最后才揭开盖子看，这个饭绝对是好的。不断检测孩子，容易让孩子心里疲惫。我主张一个学期尽量少考试，但是练习要到位。

我很少给学生考试，学生基本上没有大量的练习题，但是我每个单元有一份在课堂上练习的试卷，期末我会有字词句及阅读题的试卷练习，期末考试前，我会有六份试卷带着孩子在课堂上做，最后有一份模拟卷给他们考试。带着孩子做有两个好处：一是提醒他这种题型怎么回答，熟悉题型；二是减轻老师的负担，不用把试卷带回家去改，就是课堂练习。

训练孩子们的应试能力，需要做一定量的练习题。不过，练也有巧练之法，不必靠海量的练习。难点的题型集中精力练十次左右，比如，阅读题中经常出一些"联系上下文或联系生活实际，说说你对这段话的理解"的主观题。这类主观题，常常看起来好像很尊重学生，其实答案是固定的，答不到点子上，一样很严厉地扣分。因此，我们要训练学生回答这类题目的能力。每篇课文，把教师参考用书中要重点分析的句子拿出来作为训练题，一是有参考的尺度，二是更接近考点。这类题目，平时上课，会在读读议议中囫囵着过去了，把它当成简答题来训练，就可以教会孩子全面思考方式。比如，从哪几个方面来表述，如何选择表达的词语和句式。我教孩子们从三个角度做这种简答题：1.解读原句，知道这个句子的句式特点、修辞手法；2.分析这个句子的基本含义，它在文中的价值；3.了解作者借这个句子所表达的思想情感。在此基础上，再来扣题——联系生活实际，阐述作为读者的观点，说出自己的体会。

比如，我们曾练习了一道题，是《山中访友》中的一段话：

> 这山中的一切，哪个不是我的朋友？我热切地跟他们打招呼：你好，清凉的山泉！你捧出一面明镜，是要我重新梳妆吗？你好，汩汩的溪流！你吟诵着一首首小诗，是邀我与你唱和吗？你好，飞流的瀑布！你天生的金嗓子，雄浑的男高音多么有气势。你好，陡峭的悬崖！深深的峡谷衬托着你挺拔的身躯，你高高的额头上仿佛刻满了智慧。你好，悠悠的白云！你洁白的身影，让天空充满宁静，变得更加湛蓝。

其中有一道是：这段文字给你印象最深的是什么？

孩子们众说纷纭，其中最爱省事的那部分孩子基本是单项选择性地回答："我觉得作者用了第二人称，很新颖。""作者用了排比的手法，使文章很生动。""作者跟山中的朋友打招呼，很亲切。"……

按说，这样的答案没错吧？上课时，我们不是就这样"评议"的吗？可是，考试时，这种答案，改卷的老师多数只能给孩子们一点点同情分。

面对这种题，要教学生取巧，不能省事，要多个角度去"解析"。我作了一个示范，告诉他们要这样去分析：

> 答：这段文字给我印象最深的是：作者以第二人称的方式，运用了排比、拟人、比喻、联想等修辞手法，以"问候"为主线，细腻、生动地把山中的"好友"——清凉的山泉、汩汩的溪流、飞流的瀑布、陡峭的悬崖、悠悠的白云……一一进行刻画，形象可感，又都令人倍感亲切。表达了作者对山中"朋友"的喜爱之情。

阅读理解本来是十分个性化的，可是一旦要回答问题，就必须要有统一的标准。你得用老师设计的那一套规范，否则就吃亏。语文老师的价值就在这，谁教会学生蒙对了阅读题，谁就是会教书的老师。

这就是应考。只有在这样的实操中，你才能培养会考试的人。

㉛ 您是如何确定素读教学目标的？这个目标是否有点高？

如今，我们在孩子记忆的黄金时期，整整 6 年，精力全耗费在几篇课文中，只为记住两千多个生字而鏖战不休。孩子读得太少，背诵得太少，母语源泉几乎是干涸的，记忆中只有"床前明月光""锄禾日当午"这样的几句摇篮诗，开口不能言，举手不能书，这么薄弱的根基怎么长得出栋梁之材呢！

对比前人的做法，不难发现，这恰如一艘巨轮，不是航向的偏差，也不是舵手的技巧问题，造成沉船的因素仅仅是忽视了小小的漏洞——我们忽视了语言习得的自然之道。

离开人对语言的认知规律来谈语文教学，离开了母语的源头活水的滋养来谈语文的发展和创新，当然会事与愿违。语文教学的车轮行至今日，前人实则给我们提供了这么多宝贵的"常道"，我们为何不以此为鉴，法乎其上，再革旧立新呢？

缘此，我把素读理念引入课堂，把经典诵读作为小学生语文素养的奠基工程，以"阅读——积累"作为突破口，确立了小学 6 年"背诵十万字，读破百部书，能写千万言"的目标。

一些老师最初开始经典素读教学，达不到我这个目标定量是很正常的，各位老师在具体的教学实践中，可以根据自己的情况来安排，适当降低难度，适度减量。永兴小学的张琳红老师现在带的班级，我给她的建议就是能够完成我的目标定量的三分之二就很好。

㉜ 经典素读应如何操作？您是如何让现在的孩子快乐接受素读课程的？

确定了背诵的内容，就把每学期的背诵量落实到每天的学习中。

经典素读的训练，难以速成，贵在坚持。但只要巧妙地利用好零碎时间，组织好有趣形式，每个孩子每天坚持背诵100字左右的文段，晨读10分钟，下午10分钟，有时是语文课挪出5到10分钟，坚持五六年，奇迹就会发生。一学年除去节假日，每个孩子按在校日180天计算，六年就可背诵10万多字的文章；而此外再引导孩子每天阅读5000字左右的文选，一学年就是90万字左右的阅读量，六年就是500万字以上的阅读量。这还是保守的估算。

经典的熏陶会成为孩子阅读的动力。以我所教的学生为例，每个孩子每天的阅读量平均在1万字以上。

最重要的是，自经典素读的训练开始，我就摒弃了以前老一套的听写、抄写、组词、造句等重复性作业的练习，告别题海。将素读引进课堂，迫使我的语文课革新旧的宣讲或苦练模式，一本教材我不再漫讲一学期，一篇课文通过"课前学""课中练""自读背"等课堂策略，避免教师的霸课行为，节约出大量时间让学生读书。因此，大多数孩子能通背整本书。素读的作业基本上不需要回家完成。有些家长很奇怪，怎么没见孩子回家背过书，一本《老子》不到两个月就背熟了？因为我每天布置的家庭作业基本上就是"读书"和"采蜜"（做读书笔记或摘录）。没有硬性规定，但我设计好阅读跟踪表，每天的阅读书目和大约字数都要登记。每学期，有班级通读的两三本书，其他的都是自主阅读。摘录积累也是自主，不定量，一学期下来，平均每个孩子的摘录量都在4万字以上。这样的积淀使得孩子的语言表达能力不同凡响，在作文中贴切地运用名言警句已成为很平常的事情。从一年级开始，班级里的学生就时常有习作发表在各种刊物上。一些家长也跟着孩子补读经典，有的孩子还回家充当父母的素读小老师。经典素读的理念实际上是为当代人认可的。

我给每个孩子拟订的目标是：背诵十万字，读破百部书，能写千万言。试想，假如所背诵的这十来万字、所阅读的千百万字都是"永不会耗尽它要向读者说的一切东西的"（卡尔维诺语）经典作品，一个人的语文素养还会差吗？

㉝ 很多老师都反映新课标难度太大，您怎么看？

现在我们都知道只要掌握了 2400 个的常用汉字，就能进行正常的阅读。然而，按照以前（新课标前）识字教学的进度，儿童从七岁入小学开始学习汉字，到小学毕业，六年的时间才学完 2500 多个汉字，平均每天识字量为一个左右。我想，这样的"浸泡"之道在任何一个语系的学习中都会令人惊诧莫名的，而我们竟视为母语习得的自然法则。最可悲的是，在整个小学阶段，我们每天都在跟错别字较劲，反复抄写，默写，听写，在校听写，回家还要听写，到最后，仍有不少的孩子掌握不了十二册课本中的汉字。识字的缓慢，使得大多数孩子错失了最珍贵的阅读习惯的培养期。

新课标把识字教学重点放在了小学一二年级，这是科学合理的举措。可是，我在每次的教研活动中，都获知来自各个学校的信息，大部分老师都反映，新大纲和新课标的难度太大。老师们都认为原来一、二年级的 1250 个生字都没有办法完成，更别说现在增加到 1800 个生字及 5 万字的课外阅读量，能达到这个目标的学生极为少见。

㉞ 素读课程是否会占用其他科目的学习时间？您的学生会不会因为素读的强势而偏科？

在我二十多年的教学历程中，最初没有完全开展经典素读课程的那几年，倒是常常会在临近考试时占用学生的专科学习时间作考前的复习试卷，这也是目前绝大多数主科老师挤占时间的惯例。其实，经典素读课程实施之后，我才发现，所有的科目都是主科，对学生而言，美术、音乐这些科目虽然没有统一的考核要求，却是不可或缺的学科。我觉得在低年级只要把学生的音乐、美术、体育加语文抓好后，把学生的灵性和心气都培养好了，以后对数学、英语等学科的学习就会变得轻而易举啦。

基于这样的认识，我不仅不占用学生的专科学习时间，反而把许多外围课程引进课堂。比如，我们在班级里开设了集体舞课程，请家长或某些专业人士给孩子们上"博闻课"。所谓"博闻课"就是纯粹为增长学生的见识而开设的,比如,为了让学生了解当地的历史常识或民俗民风,我会动用家长的力量请校外的老师给孩子们上课;为了让孩子有阅读世界地图、了解世界地理的兴趣,我会请中学的老师给孩子们讲世界各地的趣闻。有时候,这些课家长也会主动申请给孩子们上。我们有在海关工作的家长专门给孩子们介绍世界著名的港口,一年级的孩子看着一张一张图片,通过家长的生动讲解,孩子们记住了吉隆坡、鹿特丹、横滨、纽约、伦敦等等著名的港口城市,不仅了解了各地的风土人情,还记住了像牛津、哥伦比亚、斯坦福、哈佛等等著名的大学里走出来的世界名人。我们的学生就算偏科,也只是对某一学科特别偏爱,而不会有厌恶另一学科的现象,因为,当一个人的视野开阔之后,包容心也会相应地宽大,悦纳的情怀会更宽广。

35 素读课程到底如何设置? 素读课程的建构理念是怎样的?

素读课程到底如何设置? 我个人的想法是按照这一方式来做:选择古今中外人文学科里最有分量的文本作为语文学科中的诵读教材。语文学科不仅仅是国家通用的那 12 册教材,还有大量更优厚的一些读本要放在语文课程里去,建构素读课程,凸显其不可替代的课程意义。如果离开了经典、离开了素读课程,那对于 6 年的小学教育,包括初中 3 年,高中 3 年总共 9 年的基础教育都会显得干瘪、苍白,失去了很多意义,尤其是对于学母语的意义严重退位。所以应该把这些教材分年段、有计划、有步骤、有定量、有目标,而且注意常态化地进行。常态化就不是表演化,不是戏剧化,不是活动化。我们现在很多做经典诵读是做成了活动,兴致所致就弄两下,选几首诗歌背一背表演一下,这些都不是素读课程,这些作为兴趣点的渗入或者活动的交流时可以的,但是要把它变成课程里的一部分,而且是灵魂课程,就一定要常态化,其目的是让学生通过 6 年的经典素读训练,可形成"背诵十万字,读破百部书,能写千万言"的读写能力,并积淀丰厚的人文素养,这就是我对素读课程的建构理念。

36 经典素读课程应该如何实施？操作方法如何？

这是一个牵涉面很大的话题。我先就自己的实践经验简要谈点体会。

我所总结的素读基本操作方法是：大经典，同并进；读出声，有节奏；重记法，轻讲解；诵新篇，常温故。

首先要澄清的是，我不赞同把我的“经典‘素读’”简称为“读经”，为的是不与传统意义上的“读经”相混淆。我所提倡素读的经典并非传统称谓中的《诗》《书》《易》《礼》《春秋》十三经……之类的“经”，这类佶屈聱牙的作品属于专业阅读，不适宜全选做童蒙期的蒙学读本。我理解的“经典”是一个大经典概念，跟卡尔维诺的十四条定义相一致。这类作品，已经超越国界超越时空，被认定为全人类精神的基础食粮。

以此为准则，《论语》《孟子》《大学》《中庸》《老子》《庄子》《世说新语》《古文观止》是经典，《圣经故事》《希腊神话》《拉封丹寓言》也是经典；《山海经》《西游记》《三国演义》是经典，《雾都孤儿》《爱的教育》《汤姆·索耶历险记》《骑鹅旅行记》《格列佛游记》以及卡尔维诺的《意大利童话》也是经典；《爱莲说》《陋室铭》《正气歌》《春江花月夜》《古诗十九首》是经典，《吉檀迦利》《沙与沫》也是经典；李白、杜甫是经典，狄金森、艾略特也是经典；《史记》是经典，《荷马史诗》也是经典；鲁迅是经典，爱默生也是经典……当然，适合孩子们的经典还有绘本，还有童谣，还有明清时期盛行的蒙学读本，比如《弟子规》《三字经》《千字文》《千家诗》《声律启蒙》《唐诗三百首》……

第二，重朗读，重记忆。小学阶段，应以经典素读作为积累文字的主要手段，因为广泛阅读并不能代替经典素读的功效。正如著名作家、人民日报社副社长梁衡先生所言：“大量阅读还不够，语文学习最基本最简便的方法就是背书。要背下来，才能将众多的资源转化成自身的营养。”他总结的读写心得是：“读书读高层，读文读经典；名篇背如流，下笔如有神。”

我们现在的语文教学中所遇到的很多问题归根到底是因为记诵不足造成的。朱自清在《经典常谈》中说：“读十部诗集不如背诵三百首诗词。

三百首虽然少，可是你背下了就是你的了；而那十部诗集，你读过了就还给别人了。"古人的书到今生读已迟，书到用时方恨少，其实都是对少儿时期记诵量太少，内存不够的感叹。

基于这些原因，我为学生六年的小学语文学习订了一个整体的目标：背诵十万字，读破百部书，能写千万言。总的指导思想是：先厚积，先输入；后薄发，后输出。

为了实现这个目标，我所有的语文教学行为包括课堂模式、评价标准、读写教学的顺序等等全都打破了以往的常规，进入一种与常态教学完全不同的状况。我把精力放在学生的积累上，采取了一些策略，如：未识字，先读书；素读多，讲解少——培养开口读的兴趣。

每一届的新生第一天入学，我都会教给他们一首打油诗："流自己的汗，吃自己的饭，自己的事情自己干，靠天靠地靠爹娘，不算是好汉！"我给它添了两句："谁说我小怕困难，咱来比比看！"

我告诉孩子们，这就是读书。只要开口，书就怕了你。为了让孩子们敢于开口读书，除了从书本里找生动有趣的儿歌之外，我还经常根据他们的行为方式编童谣或顺口溜："小手指，眼睛盯，口要读给耳朵听。一遍一遍又一遍，耳到、眼到、心也到，开口读，真奇妙，老师不教我也知道。哈哈，妈妈夸我记性好！"如写字歌："拿起笔来坐端正，一拳一尺加一寸。头正肩平双脚稳，字字争取得满分。"天天念，有排队歌、礼貌歌、值日歌等等，这样的语言在课堂上出现多了，当诵读本进入他们的视线时，就容易被接受了。读书，只要能做到让孩子开口，就不存在困难了。

第三，重文字，重经典。面对浩瀚的文字，我们不可能穷尽一切读本，何况处于出版业空前繁荣的今天，我们只能把目光聚焦于最优秀的作品上。一生中"吞下"几本最精粹的书籍，以不变应万变，以期将来精一以博十之需，这是最经济而有奇效的读书法。

37 经典素读的层次性如何安排？

儿歌童谣应该放在第一位，这是一个桥梁。第二是蒙学精读，就是古代的《弟子规》《三字经》《千字文》《幼学琼林》《声律启蒙》等，第三就是哲史，第四是诗文，可以穿插在前三者中。这四个层次的读本是不能少的，如果是背诵的话，这四个层面的读本都应该要有。

量化阅读和诵读：

低年段，主要是前 3 年重积累，一二年级突破 3000 字的识字量，极早进入阅读期。低年段每学年平均阅读 200 万字，是能够达到的。

中年段阅读 300 万字，诵读现代优美散文 100 篇，不一定完全背，背诵古诗词 150 首，素读《中庸》《老子》《论语》《朱子家训》《颜氏家训》《飞鸟集》《经典古文五十篇》（《经典古文五十篇》是我们自己编的）。

高年段平均阅读 400 万字，诵读优美散文 100 篇，背诵古诗词 150 首，素读《庄子》《孟子》《古文观止》《史记》《资治通鉴》中的选篇。

38 素读如何做到"素"而不闷，"素"而有趣？

我们都知道，古代私塾为了让孩子获得文化的童子功，不得不以教鞭威吓、戒尺体罚。那种方式放在今天，是绝对行不通的。但运用多媒体和现代记忆方法，对古代的经典训练课堂进行改良，效果显著。实际上，传统的经典训练方式如果被现代技术——也就是一点小技巧的改良，是完全可以让学生乐于接受的。教师的一些小点子是激发学生坚持的动力。多媒体的介入，活泼的设计，教师的现身说法，小组比赛，个人比赛，及时的奖励……对孩子而言就是最好的技术。比如，我常常把录音机带入课堂，特意为那些"记忆大王"录音，然后还放给全班同学听，称他们为"录音老师"，课前复习时，就把这些录制的内容让值日小班长放给大家听，带着大家一起背，只要记得牢，谁都可以当"播音员"。当一盒磁带录满了，就作为奖品送给孩子，让他们带回去放给自己的亲朋好友听。我称这是百用不厌的"魔方"。比如，诗词教学可以运用"唱诗"法；像《论语》《孟子》等文言，可以运用"剧本"结构法；像《声律启蒙》《千字文》等韵文，依其节奏，设置为"快板"法、"小组接力"法等。班级开展活泼多样的诵读活动，可以令素读做到"素"而不闷，"素"而有趣。

另外，活泼的课件设计也很重要。比如，背诵的天敌是遗忘，为了便于经常复习，我把孩子们背诵过的内容设计为"课前温故大练兵"，里面有"能者领背""男女对赛""拍手快板""小组接力""又歌又诵""四两拨千斤""王者擂台"等形式，每节课由值日班长打开电脑，不需等老师前来，就开始练习。这样的安排没有高超的技巧，却利用了零碎的时间，也调动了孩子的积极性。也正是因为对时间的巧用，省去了复习的时间，尽管一周才一节诵读课，但背诵量却不少。每周除精读课外，其他课有时也用十分钟左右诵读新的内容，随机调整。

素读的方式可以在当代的课堂被重整，依然能获得同样的收效。我的体会是，班级教学，加上现代多媒体教具的运用，可以让素读平实而不枯燥，让学生乐于接受。

一、以内容而言，低年段诵读的韵文或古体诗，可以设计为简单的游戏。比如，把诵读的内容和学生都分好组，学生的组号可以随时变换，交替诵读。《三字经》《弟子规》《千字文》《声律启蒙》等，我都是以这种回环接力的形式让学生背会的，比独个的诵读有趣。这种方式能集中学生的注意力，也能增添集体诵读的乐趣——

①天地玄黄　宇宙洪荒

②日月盈昃　辰宿列张

③寒来暑往　秋收冬藏

④闰馀成岁　律吕调阳

①云腾致雨　露结为霜

②金生丽水　玉出昆冈

③剑号巨阙　珠称夜光

④果珍李奈　菜重芥姜……

反复三四遍之后，学生就能背诵了。也可以采用递进式的推进法，我们称为顶针式，学生也很喜欢。比如——

①海咸河淡　鳞潜羽翔
②鳞潜羽翔　龙师火帝
③龙师火帝　鸟官人皇
④鸟官人皇　始制文字
①始制文字　乃服衣裳……

接力读，让学生注意力高度集中，并且始终处于一种比赛状态中。熟练之后，就可以拍手读、擂台读、击打节奏式读、歌吟式读等等游戏激趣。这类游戏简单却能激发孩子的好胜心。而好胜是孩子的天性，斗智斗勇，其乐无穷，他们不会觉得累。

二、长诗或长文就可用角色朗读的办法。比如，《春江花月夜》是一首长诗，250多个字，句式相同，而意境深邃，如果按照一般的读法，学生会很烦闷，且容易乱，会前后颠倒。如果是独个人自己练习背诵，过一段时间又会很快忘记了。于是，我一开始就设置好人物角色，有的领背，有的和声，有的唱，就不一样了，不仅有趣，还不会错乱。

（男领）春江潮水连海平，海上明月共潮生。
（女领）滟滟随波千万里，何处春江无月明。
（齐：快板式）江流宛转绕芳甸，月照花林皆似霰；
空里流霜不觉飞，汀上白沙看不见。
江天一色无纤尘，皎皎空中孤月轮。
（男领）江畔何人初见月？江月何年初照人？
（男快板式）人生代代无穷已，江月年年只相似。
不知江月待何人，但见长江送流水。

白云一片去悠悠，青枫浦上不胜愁。

（男领）谁家今夜扁舟子？何处相思明月楼？

（女生深情地）可怜楼上月徘徊，应照离人妆镜台。

（男生长叹式）玉户帘中卷不去，捣衣砧上拂还来。

（女：悄声地）此时相望不相闻，愿逐月华流照君。

（男：骤然高起）鸿雁长飞光不度，鱼龙潜跃水成文。

（女深情地）昨夜闲潭梦落花（男和——梦—落—花），可怜春半不还家（男和——不还家）。

（齐：慢）江水流春去欲尽，江潭落月复西斜。

斜月沉沉藏海雾，碣石潇湘无限路。

（唱）不知乘月几人归，落月摇情满江树。

学生有了自己的角色台词，就再也不会忘词了。这样的方式，我们背熟了很多长诗。有些极少人能吟诵出来的古体诗也是以这种方式背熟的，奇怪的是，这种背法，一旦记熟，就不会忘记。

三、近体诗和词，最好用吟诵的方式，也有人以为吟诵就像唱。我觉得不管怎么理解，教学生吟诵是一件非常快乐的事。先教给学生一点格律知识，分清平仄。他们掌握方法后，也会自己独创吟诵的方式。

我通常把一首诗或词反复读，找到感情基调，然后随口哼出曲子，给电脑插上话筒，在PPT中点击"录制旁白"，吟诵或哼唱的诗词录下来。上课时，学生把诗词基本读熟了就跟着录音吟唱。吟唱诗词的方式是学生最喜欢的了。现在的孩子听戏曲少，懂很多乐器，可音乐素养并不高。如果没有一点诗词基础，也不会喜欢戏曲。当然，也不是每一首诗词都要通篇吟唱，也可以设计其中的一两句增加点趣味就行。比如：

长安遇冯著（领读）　　韦应物（和声——韦应物）

（领）客从东方来，衣上灞陵雨（和——哦，灞陵雨呀！）

（领）问客何为来？（和——何为来呀？）采山因买斧。（齐：噢，采山因买斧！）

（领）冥冥花正开，飔飔燕新乳。（和——花正开呀，燕新乳！）

（领）昨别今已春，鬓丝生几缕？（和——唉，鬓丝生几缕？）

（齐唱——昨别今已春，鬓丝生几缕？唉，鬓丝生几缕？）

四、纯文言的文体可以用"导读"法。比如《老子》《孟子》《论语》《大学》《中庸》等等，我就用课件设计为"剧目导读"。

五、要有相应的评价，培养学生的"素读"情怀。为了鼓励学生，我会定期举行诵读会，欢迎家长参加，把这种活动拍摄下来做记录。每读一本书，都要有相应的跟踪表，设计好每天的素读量，有家长签名，学生自评。让孩子们自己结成读书伙伴，互相鼓励。奖品也很管用，甚至分数也是必要的。比如，每本书中一段段的文字中有老师签名的满分，对孩子就是极好的鼓励。有鼓励才会有动力，细节是必不可少的。

总之，只要有心，办法总会越来越好。此外，经典素读是一门课程，不可能寥寥数语尽释其义。比如，素读还要跟"速读""海读"齐头并进。这些做法的相互渗透，会让经典素读课程开展得更有价值。

㊳ 经典素读的读与练有什么需要注意的？

经典素读的读练法则是：

第一是求略懂。必须要懂大意，现在有很多书有译文，把译文稍微读一下再去读原文就大致能懂。不要把一篇文章嚼得非常碎，那是用来做科研的，真正的教学不应该这样。

第二是求量变。如果我们读来读去只读了几首摇篮诗，现在很多学校也在做经典诵读，一到六年级只读了《弟子规》，《弟子规》才1080字，太少了。

第三是求熟记。要反复读，读了新的要复习旧的。

第四是求自悟。不需要去考他，有一天他自己就已经悟通了。大家读《西游记》，孙悟空一开始不是佛，最后成为斗战胜佛，是怎么得来的？他就是在行进的过程中由一只野猴子，在唐僧的带领下经过重重磨难，最后修到佛的果位。原因是什么？他不断把他自己的生活经验和他求道的过程联系起来。所以大家去读一读李卓吾点评的《西游记》，会觉得很有意思，他简短的几句点评，就让我们感觉到，我们在教学生，实际上就是在训练一只猴子，就是训练"孙悟空"，最后要他成为什么？成为这个斗战胜佛。这是一个过程，不要总是拿鞭子去抽打他，不断地去考他，否则就没有意思了。

⑩ 课堂教学常用的方法有哪些？

课堂常用的教学方法，一个是朗读，一个是表演读，还有一个是吟诵。

朗读是肯定要用到的，示范朗读《枫桥夜泊》的时候，我也会先用朗读的方式导入，然后再用快节奏方式读，要很流畅。

还有一个就是表演读。一定要给学生一个表演的机会，有了这种活动，学生会特别喜欢。我们经常有亲子诵读晚会的活动。学生把读过的照着来读一遍，把要献给父母的诗词读一遍，穿插《跪羊图》在里面，孩子都会喜欢。其中，要让孩子自己分组，有两个组叫"德高组"，不要不让孩子们叫"德高组"，那就打击他们的积极性，有的孩子们就自编为"德高一组""德高二组"，然后其他组自己取名字：格物组，心正组，致知组。他们是读到《大学》以后才知道"格物、致知、诚意、正心、修身、齐家、治国、平天下"，《大学》里面的八目，孩子们就能够用学习实际中。《礼记·学记》云："独学而无友，则孤陋而寡闻。"一个班级里面一定要有自己的小团体，现在很多老师怕这个班级里面有小团体，其实有小团体是好事，因为人都是生活在群体里面的，"物以类聚，人以群分"，不要担心。

吟诵也是我们中国很传统的一种文化现象。我们现在很多人因为不懂吟诵，总认为吟诵就是摇头晃脑，古代读书都是瞎唱。实际不是的，古代的读书是遵循汉语规律来读的。

从古到今中国人都是吟诵读书的，没有朗诵。自古汉诗皆吟诵，百年以前没有一个中国人会朗诵，从先秦开始诗词文赋都是吟诵的，创造时吟诵，欣赏时吟诵，学习时吟诵。比如李商隐要写《无题》，"相见时难别亦难，东风无力百花残"，那么他肯定要不断地吟咏，然后才能够找到格律的对仗，不吟咏就随便一写，是不可能符合平仄的韵律的，所以古人创作时吟诵，欣赏时也是吟诵出来的。我的吟诵调是外婆传给我的，很不好听。有一次在课堂上教我的学生，学生笑倒一大片，有的甚至钻到桌子底下，后来在课堂上有所改进，学生就觉得特别好。

④ 低年级书写能力如何训练？如何能让孩子快速突破识字量？

有具体目标的引领才会避免在教学中眉毛胡子一把抓的盲目性。一年级一期，目标定位是"识字"为主，写字为辅，其他的内容都是可以等而视之。只要抓住"识字"这条钢绳，网撒的宽窄度就能收放自如了。

很多老师从一年级第一学期就开始训练孩子写话、说话的能力，但到最后会发现，只有在广泛阅读和诵读的基础上，写的能力才会有提高的可能。所以新课标把识字教学重点放在了小学一、二年级，这是科学合理的举措。

磨刀不误砍柴工。一年级上学期的书写也不能全面狠抓，对一些手腕力度够，有过点书写启蒙的孩子要多鼓励他们写，展示他们的书写能力，保持他们的书写兴趣，而有些孩子，没有接受过学前的握笔训练，甚至从来没写过字的，如果一开始就要求写得像模像样，起落笔锋都能突显，那是很困难的。

识字教学最好整体教学。我国古代在这方面做得非常好。

2500 多年前，孔子在《学记》中这样记录了当时学子的学况："一年视离经辨志。"那时学满一年，就考查学生断句的能力和对经典文句的理解。当时的文章都没有标点符号，学生的阅读能力达到一定水平才可以自行断句，所以，古人有"句读"之说。而对经典文句的理解就更不容易了，孔子之前的经典多为周朝之前的典籍，那可是真正的"古文"了。一个小小的学童仅用一年就能达到这样的高度，在今天确乎不可思议。可是，古人是怎样做到的呢？孔子在《论语》中论述"诗三百，思无邪"时，倡导人们从幼小时开始读《诗》，并且要做到"口诵心惟"。可见，字，也是在诵读中学会的。南怀瑾先生也说过类似的话："假定现在把《千字文》念懂了，再加上自己多用一些功夫认字，你读古书就很简单了。古书读会了，读中文其他什么政治、经济，那就看小说一样看了。"

一本《千字文》共一千个字，只有六个重复使用了一次，也就说，读完《千字文》至少认识了九百九十多个汉字。而把它背熟，一个中等智力的孩子，每天只要花二十分钟左右，也不用两个月时间呀！

明清之前的蒙学读本都是孩子们喜爱的识字教材，对现在的孩子识字也有绝好的帮助。以前没有拼音，学生就把《弟子规》《三字经》《百家姓》《千家诗》这类的诗词韵文念熟背熟，通用的汉字就掌握了。最重要的，这些文章朗朗上口，不费劲，还都是促进童蒙养正的人文读本。尽管有许多过时的礼节范式，只要稍加分析，学生自然会分辨取舍。可见，识字教学，并非要按教材的进度不可。

儿歌、童谣也可以渗透一些，加上每天回家阅读童话故事，两个学年就可以解决基本的识字问题了。许多学前没有任何识字经验的孩子，经过一个学年的诵读，都可以自主阅读普通的儿童文学了。

对于拼音我也是这样整体地教，比如教单韵母时，整体地念比逐个念效果会更好，教声母也是，全部像背口诀一样：bpmfdtnlgkhjqxzhchshrzcsyw 念得滚瓜烂熟，再来逐个认识，用卡片指读、拼读。这样声母读起来，其实也像儿歌了，有了调式，孩子容易记住。

㊷ 对于素读的内容，讲到什么程度合适？

对于诵读的内容，不做精细的讲解，文中的经典格言相对讲解详细点，而有些深奥的，尤其是哲学况味较浓的文句就略说，甚至不说。事实已经证明,任何对经典作过于详细的讲解都是徒劳的。随着时间的推移,读者自己对经典的解读才是真正有价值的。在经典诵读课上,我秉承孔子的教言:"语之而不知,虽舍之可也。"(《学记》)对学习的内容,讲给学生听,学生还不懂,那么,即使暂时放弃不管也是可以的。语文跟数学不一样,数学或其他自然科学是要求所学的内容都要在脑子里呈现清清楚楚一条线,而语文更多的时候是模模糊糊一大片,有时甚至是只可意会不可言传。这是语言的一个重要特点。

❹❸ 课堂设计应如何做?遵循什么原则?能否举例来说?

课堂设计尽量从简。对于韵文,比如《三字经》或《声律启蒙》这样的读本,不需要每段新读的内容都设计课件。老师只是拿着读本就可进课堂,跟孩子一起读,照着字面意思稍作解释就可以了。倘若每节课都要精心设计,老师会吃不消。而对于像《大学》《中庸》《论语》《孟子》这样的文本,也可以只设计一个模板,每节课的内容往里面套就行,减轻教课的负担。这一点很关键,教师自己太辛苦就缺少持久的信心。为了提高孩子们的诵读兴趣,也为了便于操作,我把"四书五经"里的诵读内容"剧本化",设计了"经典课堂六幕剧",成了其中的一个固定模式,但换了授课的内容,学生依然每次都倍感新鲜,同时课堂上还运用了前人和当代科学记忆法则,比如镂空法,点面具象提示法以及他人暗示法则等,锻炼孩子的记诵能力。以《精选〈论语〉三十课》中的第二十九课为例:

《论语》教学设计

第一幕:声音先于义理——放声读

> 子曰:"志士仁人,无求生以害仁,有杀身以成仁。"
>
> 子贡问为仁。子曰:"工欲善其事,必先利其器。居是邦也,事其大夫之贤者,友其士之仁者。"
>
> 子曰:"人无远虑,必有近忧。"

子曰:"躬自厚而薄责于人,则远怨矣。"

子曰:"君子求诸己,小人求诸人。"

要求做到:读准音,正确断句,读通顺,读流利。

* * * * * * * * * * * *

第二幕:学而不思则罔——读而悟

在这一环节中,教师呈现文中需要特别译注的字词,学生在自读自悟或小组讨论中理解原文。不求深刻,粗知大意即可。

第三幕:古文今说洗耳听——明大意

这是一个加深理解文意的步骤。教师呈现对古文的释文,学生把古文和译文对照读一读,再回照第二幕中自己的理解,看出入在哪。让学生体验解读的乐趣(实录摘取):

师:这一课的内容基本上是孔子说的话,你结合自己的体会,说说哪句话让你深有同感?或者你想就哪句话表达自己的看法?

生:"杀身成仁"这个词令我想到了孟子的"舍生取义"。

师:哦?孟子是怎么说的?

全班:生,亦我所欲也;义,亦我所欲也。二者不可得兼,舍身而取义者也!

师:孟子是子思的学生,子思是孔子的孙子。孟子从子思那儿继承了孔子的思想并加以光大。后人把他们的思想称为"孔孟思想"。只不过,有相当长一段时期,许多人对他们的思想误会至深,认为孔孟是宣扬"明哲保身、贪生怕死"的思想。其实,像"杀身成仁、舍生取义"这样凛然大气的思想才是孔孟的精髓。将来,你们在读通整部中国历史后会更加明白这一点。

……

生:我发现这一课中的句子很美,像对联,很工整,读起来朗朗上口。比如"无求生以害仁,有杀身以成仁""人无远虑,必有近忧""君子求诸己,小人求诸人"。

师：你有一双慧眼啊！你会从文字排列的角度审视文章了，真难得！古人写文章对文字的运用非常考究，讲究"文质"兼美。还记得孔子说过"文胜——"

全班：文胜质则史，质胜文则野。文质彬彬，然后君子！

师：对，做人如此，作文亦如此，才可称得上"文如其人"。

生：我发现"躬自厚而薄责于人，则远怨矣"、"君子求诸己，小人求诸人"是我们在《大学》和《中庸》里读过的。这两句话的意思好像是一样的，都是讲严于律己、宽以待人的道理。

师：哦，那孔子可真罗唆！

（全班先是大笑，接着静悄悄思考。）

师：来看看这两句话中，哪一句的语气更严厉点，甚至带有批评的味道？哪一句相对温和些，劝说的意味更浓些？交流交流。

（全班交流）

生："君子求诸己，小人求诸人"批评语气重，因为"小人"是要被谴责的；"躬自厚而薄责于人，则远怨矣"劝说的味道更浓一些，读起来语气委婉一些。

师：哦，假如你是孔子，你会在什么情况下分别用上这两句话？

（生低头沉思不语。师示意其坐下。指名另一举手的学生。）

生：当两个同学发生矛盾而互相推脱责任时，我会对他们说："君子求诸己，小人求诸人。"而当一个人对另一个人产生误会或者老埋怨别人时，我会劝他："躬自厚而薄责于人，则远怨矣。"

生：我还知道"小人"总是要求别人做得好，自己却不做好。"君子求诸己，小人求诸人"这句话更像是在侧重批评小人。

师：说得好！这就是语言的情感，可见文字是有"温度"的呀！不同的话会显示不同的分量。

……

第四幕：熟读成诵过目不忘——我乐背

按着"镂空提示法"练习背诵。集体背，小组比赛，个人擂台。

子曰："志士……无……有……"

子贡问为仁。子曰："工……必……居……事其……友其……"

子曰："人……必……"

子曰："躬……则……"

子曰："……求诸己，……求诸人。"

第五幕：引经据典古为今用——格言美

背诵格言，并用来说话：志士仁人；工欲善其事，必先利其器；人无远虑，必有近忧；君子求诸己，小人求诸人……

第六幕：相关链接：故事屋——我爱听

一、教师呈现民族英雄文天祥的故事。全班默读后，回答：谁可以用上今天或之前学过的经典名句来评议一下故事中的某些人物或情节？

二、请根据今天学过的文章里的某一个观点发表即兴一分钟演讲？可以是故事，也可以是你的看法，也可以是"走近孔子"的新发现。

从教学设计到教学过程都可以发现，并没有过多的深挖文义。每节课教学时间控制在30分钟左右，诵读的文本控制在300字以内，化整为零，几个重要环节都体现出重在积累和传授记诵方法。这样的设计理念对中年段的孩子来讲是完全可以接受的，也是经典诵读的基本原则。

总之，要充分利用现代先进的多媒体，活泼有趣的激励措施，避免枯燥机械的强制性记诵。基于是集体授课的模式，就调动学生的兴致而言，我认为将"比赛"的方式巧妙地运用在每一个教学环节中，会有很好的收效。比如，跟音响中的"老师"对比读，跟授课老师比读，跟同伴比读，小老师领头读，擂台读，发现好词好句似的读……我经常把录音机带进课室，录下孩子们集体的或个别的朗读，然后放给他们听，评议优劣处。我发现这真是常用不厌的兴奋剂，学生总是争着要"录音"。实际上，传统的经典训练方式如果被现代技术——也就是一点小技巧的改良，是完全可以让学生乐于接受的。

㊹ 有什么方法可以最有效地教孩子学会吟诵?

吟诵是汉语文传统的唯一诵读方式。古代中国人的读书方法是什么样的? 历史图片最能说明问题,像《屈子吟诵图》《太白吟诵图》《诸葛亮行吟图》《白居易行吟图》《贾岛行吟图》《郑板桥行吟图》,包括当代的柳亚子先生,他们都曾"行吟",但古代没有一张"朗读图"。朗读不是中国古人的读书方式,朗读是 20 世纪初西方的文字理论传入中国后,我们才开始用他们的方法来读我们的文字,以前的中国人全都是吟诵的,用吟诵的方式读书的。就像徐健顺老师所说:百年以前没有一个中国人会朗诵,从先秦开始,诗词文赋都是吟诵的,创作是吟诵,欣赏是吟诵,学习是吟诵,吟诵是汉语文传统的唯一方式。但现在由于我们偏离了这个吟诵的方式,我们现在就变得只有文字而没有诗本身。我们现在不可能说把朗读不要了,然后我们都去吟诵了,这是不可能的。但是,古典诗词是用吟诵创作出来的,如果你用吟诵来教学,那就完全不一样,孩子就会更容易接受,而且会节约大量的时间。

比如先让学生模仿。对于从来没有接触过吟诵的孩子不能一开始就跟他讲吟诵的知识,得先让他跟着你模仿。然后在模仿中再相机教给学生基本的平仄吟诵关系,就是吟诵规则——平长仄短,依字行腔,这是吟诵最基本的规则。平声要吟长,仄声要短。依字行腔,给他一个节奏,给他一个口诀:一二声平三四仄,入声归仄很奇特,平声吟长仄声短,韵字平仄皆回缓。第二个口诀就是:一三五字可随意,二四六位需分明,依字行腔气息匀,节奏点上停一停。这两个口诀教他之后,到了四五年级之后,学生自己就会创作吟诵调。

怎么样吟诵?

首先要善于运用韵文的节奏。最初素读内容选文节奏要非常简单,符合儿童的韵律感。像《弟子规》,我教学生的调也很简单,"弟子规,圣人训,首孝弟,次谨信,泛爱众,而亲仁,有馀力,则学文""父母呼,应勿缓;父母命,行勿懒"。包括《声律启蒙》,都是一些很简单的调式让学生学,"明对暗,淡对浓,上智对中庸。镜奁对衣笥,野杵对村春。

花灼烁，草蒙茸，九夏对三冬。台高名戏马，斋小号蟠龙。手擘蟹螯从毕卓，身披鹤氅自王恭"。把那些节奏变换一下，孩子就会喜欢。

诗文吟诵教学也一样。要培养孩子们形成自己的吟诵调，先从格律诗开始，把格律弄懂了，再去读其他的就容易多了。格律诗的吟诵要教给学生基本的吟诵规则：平长仄短，依字行腔。歌唱为旋律服务，而吟诵就一定要读它本来的音。还有就是平声一定要长，仄声要相对短一点，入声要读得更短一点。押韵的字，平仄都要回缓，不押韵就不回缓。是不是所有的平声都长，所有的仄声都短呢？不是的。还有另一个口诀，就是"一三五不论，二四六分明"。一三五位置上的字可以长可以短，不管平仄声，但是二四六位置上的平声一定长、仄声一定短。

其次，就是气息要匀。气息匀有什么好处？读书可以变换人的气质。容貌是父母给的，没办法改变，但是精气神是可以变化。那么气质是怎么变过来的？就是在吟咏的过程中自然沉浸在文字里面，古代的读书人往那里一站，什么话都不用说，就知道他是个读书人，但是现在的读书人看不出什么变化，因为根本没有在这个文字里面感觉过。

"节奏点上停一停"。以《枫桥夜泊》为例，第一句是仄仄平平仄仄平，第二句肯定就是平平仄仄仄平平，后两句分别是平平仄仄平平仄和仄仄平平仄仄平，基本上所有的律诗都是这样的，所以一三五位置上的字就不一定要平长仄短，二四六位置上的平仄关系是非常严格的。节奏点上停一停，除了七言的第五个字节是最重要的节奏点，五言诗的第三个字是最重要的节奏点之外，还有与词语相对的节奏。比如说"月落乌啼"，"乌啼"的重音是"乌"还是"啼"？是"啼"。因为中国字好多词语都是双音节词，那么这个双音词一般重音放在第二位。"月落乌啼霜满天，江枫渔火对愁眠。姑苏城外寒山寺，夜半钟声到客船。"视觉要拉开，集中在一棵梧桐树上面，一只小乌鸦，然后突然间是"霜满天"，所以"霜"字拉得很长，用的是一个平声字，不是仄声字尽管是第五个字，可以用仄声，但是诗人用的是平声，就是要把视野拉得很远。诗歌很多时候只可意会，不可言传，但是我们偏偏要去解读他，结果解读得越来越狭窄。

诗歌吟咏出来，气象、景象就全部展现出来了。有些诗词是可以改变孩子的，叶嘉莹先生说，读诗可以令人心不死。孩子读诗是可以令孩子更有灵性。

现代诗的吟诵也有法则，根据诗歌本身的情感确定它的调式，比如林徽因的《你是人间的四月天》是比较难背的，但是我教给我的学生，他们过一段时间就忘了，于是我就开始用吟诵的方法来教他们：

> 我说你是人间的四月天，
> 笑响点亮了四面风，轻灵
> 在春的光艳中交舞着变。
> 你是四月早天里的云烟，
> 黄昏吹着风的软，星子在
> 无意中闪，细雨点洒在花前。
> 那轻，那娉婷，你是，鲜妍
> 百花的冠冕你戴着，你是
> 天真，庄严，你是夜夜的月圆。
> 雪化后那片鹅黄，你像；新鲜
> 初放芽的绿，你是：柔嫩喜悦
> 水光浮动着你梦期待中的白莲。
> 你是一树一树的花开，是燕
> 在梁间呢喃，你是爱，是暖，
> 是希望，你是人间四月天！

（参见音像教程中华经典素读教学理论与实践中吟诵示范）

这样背就不会觉得很拗口，因为林徽因学的是英文文学，所以她用了很多翻译的颠倒词汇，但是她给人的意境非常美，而且节奏非常好。

像席慕蓉的诗词，我们的孩子是比较喜欢的：

出塞曲

请为我唱一首出塞曲

用那遗忘了的古老言语

请用美丽的颤音轻轻呼唤

我心中的大好河山

那只有长城外才有的景象

谁说出塞歌的调子太悲凉

如果你不爱听

那是因为

歌中没有你的渴望

而我们总是要一唱再唱

像那草原千里闪着金光

像那风沙呼啸过大漠

像那黄河岸阴山旁

英雄骑马壮

骑马荣归故乡

（参见音像教程中华经典素读教学理论与实践中吟诵示范）

　　吟诵的难，似乎就在定调。只要顺着第一句甚至第一个词反复多读几遍——就是一个字一个字把它读完整，读准确，再按一定的音高多哼几遍，基本熟练之后，再揣摩每个字音的准确性，衔接的顺畅度是否自然，不要太突兀，忽高忽低，那么，一个吟诵调就形成了。

　　我始终觉得吟诵如果不遵循"依字行腔"的话，就有可能陷入混乱，没有规则感，会很随意地变化音的高低，而依照文字本身的发音来决定一个个字音的长短和高低，串起来，本来就成为一个调式。任何一首诗文都是这样才有了自己固定的调式。

　　用一个旋律套所有诗文的做法是不合规律的，同样是词牌《渔家傲》，李清照的词跟范仲淹的在意境和情景上完全不一样，吟诵时，按照依字行腔的要求，得到的调式也是完全不一样的：

渔家傲　　　　〔宋〕范仲淹

塞下秋来风景异，衡阳雁去无留意。四面边声连角起，千嶂里，长烟落日孤城闭。　　浊酒一杯家万里，燕然未勒归无计，羌管悠悠霜满地。人不寐，将军白发征夫泪。

（参见音像教程中华经典素读教学理论与实践中吟诵示范）

渔家傲　　　　〔宋〕李清照

天接云涛连晓雾，星河欲转千帆舞；彷佛梦魂归帝所，闻天语，殷勤问我归何处。　　我报路长嗟日暮，学诗谩有惊人句；九万里风鹏正举，风休住，蓬舟吹取三山去。

（参见音像教程 mp3 陈琴吟诵、朗诵集粹）

这两首词的平仄规则几乎完全一样，可是由于文字不一样，吟诵时的调式就起了变化。所以，吟诵，其实更能让孩子关注文字本身——只要真的是遵循了依字行腔的规则的话。

㊺ 在训练孩子的记忆力方面，有什么好的方法？

我常用的一个是思维导图法。思维导图，原本是上世纪被广泛用于记忆的一种方式，现在则是各个领域都在应用。用于经典的记忆训练中，对课文的解读以及写作教学确实也极有裨益。一个读者，如果能够利用思维导图将一篇文章从写什么、怎么写的、知识点这三个维度解读出来，并且清晰地分析出学习的过程，还担心他理解不了课文吗？因此，至少对内容的理解是不必放入课堂来深挖的。而另一方面，学生能够自己揣摩把玩作者的写法，体悟作者遣词造句的功底，感受作者布局谋篇的技法，这种靠内省的学习内容，如果只是老师讲，无论如何都达不到理想效果的。

另外还有镂空记忆法等很多方法。当然最重要的还是复习，对于记忆内容要经常反复复习。

㊻ 素读与阅读如何结合?

素读靠课内,阅读靠课外。

诵读的功课最好在学校完成,集体诵读对孩子有加持力,更易于记诵。当学校取消早读课后,我依然坚持每天7点40分左右回到课室带孩子们早读,全班100%的家长支持孩子回来跟老师一起早读。不能那么早的,十分钟也可以。每天坚持有二十分钟的早读时间,背诵50到100字左右的文字,你算算,六年是什么概念?四行七绝才28个字,每天坚持一首,有计划地复习,一个学期随便都可记诵100首,就算一年记下100首,六年就是五六百首,300首已经让人不会作诗也会吟了,何况600首?也不必非有个硬定的量,达不到平均量的也没关系,读过、背过总比空空如也要强得多。教师要有一颗平常心,允许差别的存在。

素读的文字,不需要老师的详细讲解。对着注解,了解大意就够了。有些文字只可等到顿悟时才会闪现灵光。我记得小时候我的外婆逼着我背诵《增广贤文》,开篇的"昔时贤文,诲汝谆谆。集韵增广,多见多闻",我总也弄不懂"诲汝谆谆"是什么意思。直到高中再读《论语》读到"诲汝知之乎"才若有所悟——原来这就是出处啊。有些文字只可意会,不可破译言传。比如,李清照的"知否,知否,应是绿肥红瘦",任你如何解释都不可能有原文的韵致和力道,背下来就够了。

素读之外重广博,素读与广泛的阅读需同时并进。从一年级开始,我就不遗余力地培养孩子们的课外阅读习惯。除了推荐书籍之外,还规定了每学期的必读书目。每周设有一节阅读课。每个学期,所有的孩子所读过的课外书,我都跟家长一起做好表格记录下来。各种奖励措施都侧重于阅读。因此,一年级之后,班上的孩子基本上都有自觉读书的热情。前不久有日本的行为心理学家发表论点:一种好的行为只要用28天的持续训练就基本可以成为习惯了。我们用两三年的时间还不能培养学生爱读书吗?我从二年级开始就把孩子每天的阅读量记录下来,这对孩子是一个最好的鼓励和鞭策。从实践经验来讲,没有任何作业比只读书只背诵更受孩子们欢迎的啦。现在的孩子最怕的作业就是动笔写,读书是最没有负担的作业。之所以不能令孩子们爱上阅读，是因为别的作业太多，没时间给他们读。

现在看来，在整个小学阶段，让孩子们背诵十万左右的文字是完全能做到的。每天按 100 字来算，一个学期只按 90 天计，一学年按 180 天的量，六年就是十几万字。想想，让孩子带着这十几万具有特殊能量的"种子"升入中学，还担心他们学不好语文吗？

❹❼ 学生不理解怎么办？如何教学生读懂经典？

如何教学生读懂经典？

一是从一开始就给学生接受经典文本原本，让学生学会译文原文对照读；二是借助吟诵、故事有兴趣地读；三是反复复习、反复吟诵。

书读百遍，其义自见。我们帮学生把经典的种子种到他们身上，随着反复复习、反复吟诵，学生自然会逐步加深对经典的理解和感悟的。

❹❽ 语文课的作业如何布置？

从实践经验来讲，没有任何作业比只读书只背诵更受孩子们欢迎的啦。现在的孩子最怕的作业就是动笔写，读书是最没有负担的作业。之所以不能令孩子们爱上阅读，是因为别的作业太多，没时间给他们读，所以我给孩子们的作业就是每晚诵读 20 分钟。

另外要精简常规作业，杜绝枯燥的重复训练。比如生字，由原来的抄写 8 个改为 2 个，再组一个词。科学证明，机械地重复导致无效，一个生字连组词写了三遍就足够了。不再另设组词本和造句本。造句其实是脱离语言环境的枯燥训练，远不如把时间用于写话训练。

❹❾ 儿歌童谣如何教？

儿歌童谣怎么读？儿歌童谣是儿童研习语文的最好的书面语言，它搭建起口语和书面语的桥梁，丰富了儿童的俚语、民俗语言，启蒙儿童语言的诗兴和情趣，这是我对儿歌童谣的认识。相比一个人的成长过程，研习儿歌童谣的时间非常短暂而且不可回溯。就像我们读童话一样，如果一个人在十五岁之前没有经过童话训练，让他这一辈子爱上童话是很艰难的。如果一个孩子在童谣时代没有读大量的儿歌童谣，那么等他到三四十岁的时候，让他喜欢儿歌童谣或者能够写出儿歌童谣来那也是非常困难的。

当然，儿歌童谣也要用很好的读本，比如《好妈妈儿歌400首》，这400首儿歌渗透到课堂里面来，孩子就会很喜欢，比如"羊羊羊，小山羊，年纪不大胡子长，鹿鹿鹿，梅花鹿，头上长着两棵树"，孩子就喜欢一边做动作一边来读。

一些有益心智的歌词也是很好的读本，如《燃灯之歌》《跪羊图》《我的中国心》……读文字是培养孩子的心量，培养孩子的觉悟心。

另外，现在幼儿园不提倡识字，面对这样一个现实，那么我们必须架起一座桥梁，让孩子在一两年的时间里掌握两三千的汉字，这样就可以缩短阅读启蒙期。如果我们不通过童谣儿歌而直接把经典文本比如《易经》让孩子去背，你虽然也可以做到，但从语文教育的角度来说我是反对的，孩子的兴趣最后会被弄得很低，他不能理解，这跟他的人生体验差得太远，而通过儿歌、童谣可以先建立孩子的律动感、节奏感。

㊿ 流传下来的经典蒙学读本为什么不可轻视?

单从识字而言，流传下来的蒙学读本，有着当今常见识字读本不可比拟的优势。

第一，内容丰富，指向明确。如直指儿童养成教育的《弟子规》《朱子家训》，百科全书式的《幼学琼林》《千字文》《三字经》《声律启蒙》。

很多人认为《百家姓》没有故事，但是孩子可以在《百家姓》里找到自己家族的姓氏，追根溯源，把姓氏演变过程、历史上曾经出现过哪些著名的人物这些知识渗透进去，他们会很喜欢的。这些就是故事。

《弟子规》也可以给我们老师做示范。很多孩子在走路时，可能会跟别人碰撞，《弟子规》就告诉"宽转弯，勿触棱"；有些孩子懵懵懂懂的，在课堂上写字写得乱七八糟，《弟子规》告诉"字不敬，心先病"；孩子拉窗帘时经常啪地一下拉过去，《弟子规》告诉"缓揭帘，勿有声"，这就是用诗一样的语言跟孩子交流。

像《幼学琼林》，自然科学、礼仪规范、人情事故等方面的知识都有。

我们现在比较缺乏这些常识性的教育，在这一点上，古人比我们做得好得多，他们不需要大声喝斥。他们认为人生聪明识字始，人生真正的聪明是从认字的时候开始，古人把蒙学读本当作识字本，读了就在潜移默化中去做了，就变得聪明了。这些好的内容我们为什么不给孩子呢？

第二，文字精确，韵律感很强，语句大多是押韵的，音乐感、节奏感特别强，这是儿童最喜欢的语言形式。如"晨必盥，兼漱口；便溺回，辄净手"，12个字，具体而精炼，朗朗上口，把一个孩子晨起洗漱以及上厕所后该有的卫生习惯讲得非常清楚。所以我们不应轻视蒙学读本。

㉞ 哲史诵读为什么宜早不宜迟？

西方人批评中国没有哲学家，没有哲学著作，实际上我们的哲学著作都是我们的历史书籍，我们的《史记》可以当作哲学书来读的，《资治通鉴》也可当作哲学书来读的。好多读了西方哲学的人最后又回到东方哲学来，他们会发现《老子》《孟子》都是哲学。哲史子集，是每一个文化型的中国人绕不过去的大观园。

许多人因为缺失文言基础，在一本薄得只有两三页纸的《大学》面前忐忑不安，不敢去读。很多人没有真正翻阅过《论语》《孟子》，只是因为"字"读不懂。我们现在很多老师都践行儒家的思想，但是我们也有人竟然没有去读过《论语》，12000多字的《论语》没有真正去研读过。

只有一两千字的《大学》，这么好的文本，竟然有人没有真正去研读过，事实上《大学》这样的文字，小学二年级的孩子都是能读懂的，至少是可以在老师的带领下能够读通、读懂的。我有个学生，他父亲是研究经济学的，经常跟高端经济学学者在一起讨论。有一次他妈妈在我的 QQ 里面留了一段话，说今天孩子他爸高度赞扬了孩子，因为聊天时讲到中国的食品问题，大家都觉得现在的食品没有哪一种能让人敢吃的，都在探讨食品问题的原因。这个孩子就说因为那些人没有读过《大学》才会做这样的事，读过《大学》的人是绝对不会做的。他爸说这些做生意的人很多都是研究生毕业的，怎么会没有读过"大学"。孩子说是古代"四书"里面的《大学》，《大学》告诉我们："生财有大道，生之者众，食之者寡，为之者疾，用之者舒，则财恒足矣。仁者以财发身，不仁者以身发财。未有上好仁而下不好义者也，未有好义其事不终者也，未有府库财非其财者也。"尤其是"仁者以财发身，不仁者以身发财"，充满仁义心的人，他有一分钱他会用一分钱去做善事，他会让他的声明更加的远大，不仁者是铤而走险，冒着生命的危险去发财的。温家宝总理引用过这句话："生财有大道，生之者众，食之者寡，为之者疾，用之者舒，则财恒足矣。"我们现在恰恰相反，"生之者不众，食之者多"，吃的人多，而且浪费的人更多，所以经常看到有的人吃饭，一大桌子一大桌子浪费掉，我内心很痛的。可能最后一句不好懂，这句话是什么意思？就是以前管理国库的人，如果是一个真正的仁者，他不会把国库当作是他自己家的财产。那么读懂一段话最简单的方式就是要教会学生看注释、读译文，基本上就会了。

像《老子》的话也很少有不懂的。"信言不美，美言不信。善者不辩，辩者不善。知者不博，博者不知。圣人不积，既以为人己愈有，既以与人己愈多。天之道，利而不害；圣人之道，为而不争。"这是《老子》最后一章的内容。首先说它的句式，一句一句对仗的，韵律感非常强。"既以为人己愈有"，一个真正想富有的人，绝对不会是一个敛财者，他一定是一个散财者，他一定会把财散给别人，就像《大学》讲的"财聚则民散，财散则民聚"。所以给予别人越多自己就会越多，就像我们当老师一样。我就带过一个徒弟，她的最大弊端是什么呢？不善与人交流。问她一件事，她就瞻前顾后地想很多，就怕自己说错话，不到迫不得已时，她不会主动跟你说的。她的个性决定了她要走一段很漫长的路。为什么？因为她从来不跟人家交流，有喜悦也不会跟人家分享，但别人的好处她都会拿来用，就是不会跟别人分享，她有好东西，别人很难从她那里拿到的，就像一个人整天都聚很多东西，却很少跟人家分享，这是不对的。学了《老子》你就会知道，"既以为人己愈有，既以与人己愈多"。一个人之所以贫穷，不是因为他身上的东西太少，而他给予别人的能量太少。如果你有一分钱，你能够把这一分钱捐出去，那说明你是一个非常富有的人，至少在精神上你很富有。所以不能够用多少来衡量，而是看你给予的行动力有多大，所以"天之道利而不害"。

所以哲史的诗性语言可解释，可意会，语言的音乐特质明显，学生鲜有不能读者。

52 如《老子》这般高深的哲史类书应该怎样教孩子读？

要让孩子读一整本书，培养孩子素读整本书的耐力。我会把书本设计成一个剧目，如《老子》的 36 章："将欲歙之，必固张之；将欲弱之，必固强之；将欲废之，必固兴之；将欲夺之，必固与之。是谓微明。柔弱胜刚强。鱼不可脱于渊，国之利器不可以示人。"

怎样读懂它呢？

经典课堂第一幕：琅琅书声，直面经典——读通顺。把要求告诉孩子，就让他们按照要求来读，按初读"一二一"法则读通顺，就是先慢读一遍，再快快读两遍，再慢读一遍的法则把文章读通顺。因为是带拼音的，读完两遍以后读读注解，把原来不懂而现在读注解懂了的文句画上波浪线，或把自己通过努力读懂的字词标上黑点，培养孩子读书的方法。达尔文说，最有价值的知识是关于方法的知识。所以我们教给孩子一些方法，日后他会形成自己读书的耐心，原来读注解我能够读懂，而不是通过别人的讲解。

第二幕：文白对应，直面经典——读懂意。就是把重要的词语拿出来解释以后，孩子就带着这些词语去读。"歙"就是闭合，想让一个东西闭合，先要把它张开，所以"将欲歙之，必固张之"，想削弱它就一定先要使它增强，想要灭掉它就一定要先让它振兴，想要夺取它一定先要给予它，"国之利器不可以示人"，一个国家锐利的武器不能够随便拿出来。把原文、译文读一遍，然后教师读译文，学生读原文。这样就能做到读懂意思。

第三幕：熟读成诵，过目不忘——记得牢。给他一个镂空的原文样式，让孩子们来填写，他们就会很喜欢，跃跃欲试。如"将欲____，必固____；将欲____，必固____；将欲____，必故____；将欲____，必固____"，将相对的内容镂空让他填，那么他就会记住了，熟读成诵，过目不忘，给学生一个记忆法。全部读完《老子》以后，81章就是81个纸片，学生一辈子都会记得。

第四幕：引经据典，微言大义——格言美。再引申一点，这一段里有哪些文字是经典语句，成为千古名句、格言。让学生记住这些格言语句，比如"柔弱胜刚强"。

第五幕：古为今用，活学活用——读而悟。我会找一些观点相近的材料让学生读，比如"道之以政，齐之以刑，民免而无耻；道之以德，齐之以礼，有耻且格"，这一段话出自《论语·为政》。学生以前读过的，就跟《老子》联系起来，前后呼应，新旧知识就可以联起来，方便学生记忆。另外，在课堂上我会提出如下三个问题：1.还记得《我要的是葫芦》中的主角吗？你能用一句怎样的经典格言劝劝他？ 2.秦始皇以强大的武力统一六国后，也想依靠严刑治理国民，结果……你能评一评这种情况吗？3.今天所学的内容还能引起你其他的想法吗？请发表你的见解。能获得掌声的奖励三颗星星。孩子们对这种讨论是很喜欢的。

整本《老子》就这样读，包括《史记》中很多的故事也可以这样读。

53 如何教学生读文言散文省力又有效？

第一，范读求音。一定要有范读，老师要大胆地去读书。一个优秀的教师应该具备四个条件：姣好的容貌，有播音员一样的声音，普通话特别好，很清晰的思维。我根本就不可能成为那样的优秀老师，我只会带我的学生读书。范读不是要求像播音员一样读得那么好，只是把感觉带给学生，读通顺。

第二，听读求语感。范读的时候，正常的停顿必须有。

第三，静读求大意。让学生静静读书，读文。

第四，自读求通顺。学生大声去朗读，要读通顺。

第五，比读求流畅。一定要比，一个小组一个小组的比。之所以集体授课，是因为有了集体授课的氛围之后，把他放在集体里面去读，学生就不会觉得累了，而一个人读书会很累。学生就喜欢与他的同伴"斗"，你读得好，我比你读得更好，你读得声音响亮，我比你读得更响亮。

第六，趣读求兴致。要有趣地去读书，不要让读书变得很乏味，那就不好了。

比如《归去来兮辞》这篇文章，我会让学生先听我读，然后他们给每个不认识的字注音，然后再听我读一遍，我哪个地方断句是要特别注意的，就自己给它画上一条斜线或者波浪线，接着我们一起来读。之后他们就自己静静读两三遍，再分小组来读，一个组读一段，读不通的允许人家来帮忙，"小伙伴不用慌，你有困难大家帮"，这样读完以后，还要有趣味性地读，哪个同学对哪一段特别喜欢，就站起来读，接着就和自己的好朋友，三五成群地在课堂里面去读。另外用上吟诵。《归去来兮辞》的吟诵有好多的调，我自己有一个吟诵调。我非常喜欢陶渊明，我的吟诵就跟其他老师的完全不一样。有老师说吟诵似水，每一次读都会不一样，不像唱歌，唱歌是固定的调式，吟诵跟心情有关。我原来教学生读《归去来兮辞》，就觉得陶渊明是一种无奈的归隐，绝不会是快快乐乐、高高兴兴的。他内心里会有很多抗击，所以那时候我就用一种悲愤的调子来吟诵。后来我完全用一种愉悦的腔调来读，为什么？因为内心的变化。很多时候文字沉浸在心灵的深处，它就跟灵魂融为一体，没办法述说的。我读《将进酒》，好多时候是不一样的。吟诵很多时候就会有这样的一种奇效。

54 诗词曲赋的教学重点是什么？

小学阶段宜多背长篇诗赋。长诗歌一定要在小学阶段来背，中学的课太多，小学相对来说要轻松得多。所以很多孩子初三学的《岳阳楼记》，到了高一就忘得干干净净了，因为当时老师要求背，就是即兴背，背后不巩固，结果就忘掉了。

长诗怎么背呢？长诗比较难，我带过的孩子在一二年级的时候都背《长恨歌》等长诗的，有一次全班做期末亲子活动，整理一下一个学期背下的内容，孩子们很兴奋，他们分组背诵了《春江花月夜》《诗经·豳风·七月》《琵琶行》《长恨歌》，他们把所有的调式都忘了，都变得非常铿锵有力。背完以后，我们有的老师问其中的一个学生，背了那么久，上气不接下气，喉咙累不累？学生说我的喉咙是小事，关键是我的肚子都背饿了。他们太投入了。小孩子对文字的记忆跟中学生不一样，人到12岁之后，记忆的曲线已经开始往下走。12岁之前是一个高峰期。

长诗一般都是故事诗，有故事情节。比如《蜀道难》，难在何处，李白离开长安的故事，跟学生讲一讲。像《长恨歌》中唐玄宗与杨贵妃以及安史之乱的故事。《正气歌》与《过零丁洋》中文天祥的故事。比如孩子背《正气歌》，我就讲文天祥是在一种什么状态下写的，他被关押在北京史家胡同，这个地方低矮潮湿，但是他心中有一个力量支撑他，就是正气。所以他写《正气歌》的时候，里面引用了好多的典故，这些典故都是跟他本身思想理解有关系的。只要把故事稍微简略讲一遍，孩子就会记住了。所以故事导入，让诗词具像感更强烈，为学生的记忆提供细节是背诵长诗的一个诀窍。

55 对学生素读的考评方法有哪些？

我会有很多的背诵评价方式，组织形式有以下几种：集体诵读、家庭跟进；个别跟踪中又有考评——诵读录像、刻录光盘；年背。

关于集体诵读、家庭跟进，我在后面的"家校共读"策略当中有详细的阐述。

诵读录像、刻录光盘就是家长进课堂用摄像机拍下孩子们一学期的晨读，平时他们上常态语文课，也会录像，刻成光盘。刻成光盘有什么好处呢？给孩子提供一个成长的档案，他会非常喜悦。比如现在二年级，再让他回去看看一年级的读书状态，他会觉得特别高兴，对自己就会有要求，不断地改进。

年背就是一个学期结束以前举行，取法于明清的时候私塾教育。古时候，家庭条件比较好的，会请一个私塾先生来教他们的孩子，到年终的时候，先生就坐在高堂之上，旁边坐着这个家族的长者，下面就是一群经过一年诵读的孩子接受考试。私塾前三年是不考写文章的。前三年就是按照先生指定的书去读，这个时候就由长者翻到其中的一页，比如翻到《老子》的第八章，学生就接着一直往下背，没有叫停的时候就不要停下来，如果停下来就说明你不过关。我就用了这个方法，一到学期末的时候，我就把这个学期我们诵读的内容全部列成一张表，家委会的人就会派 7 个家长进我的课堂，按照学号顺序让七八个学生一组，找一个地方，家长就指定其中的一篇，让学生把它背下来。同时，允许学生有两个自选节目，比如把背得特别熟练的两篇背下来。就是抽查和自选相结合，孩子会有一个比较。其实年背并没有很重大的作用，完全是给学生提供一个依据，我今年要诵读这些内容了，并诵读过这些内容了，像《长恨歌》到现在仍然有几个孩子背不过去，但是一说到《长恨歌》的时候，他至少能够熟悉几句，所以这个考评我觉得是有必要的。

56 陈琴开展经典素读后学生有什么变化？成效如何？

经典素读开展以来一个最重要的效果就是，很多我的学生家长都会跟我讲，他们很惊讶，一年级时觉得自己的孩子好差，一年以后竟然能够迎头赶上，和整个班级齐头并进了。

其次，就是孩子们的语文素养得到比较明显的提高。你带着孩子们在课堂上多读诗，读多了孩子们是会有灵性的，就会形成诗歌从孩子们心底流出来。比如席慕蓉的《七里香》：

小溪急着要流向大海

浪潮却渴望重回陆地

那绿树花白的篱前

曾经那样轻易的握手告别

而沧桑的 20 年后

我们的魂魄

夜夜归来

微风抚过

变化做满园的玉香

2009 年，我在台湾收到我学生的一条信息，孩子刚刚考上当地著名的重点中学，信息内容是：树长六个年轮，未必能成栋梁。花开六个春秋，未必赢得玉香，您给我的六年却为何如此金光闪闪？琴妈妈，我们还是这样叫您，握别的手尚有余热，我们的魂魄已然夜夜归来。您细听满园花开的声音，是我们对您深深的祝愿，要快快乐乐啊，要健健康康。我就回复说：模仿是天才的第一步，模仿得真好。你看他这首诗是模仿谁的？就是席慕蓉的《七里香》。这里面有一些词都是他的，但是他模仿得真好。这就是孩子！

2011 年我们学校征文比赛，诗配画比赛。有个孩子学前一个字都不认识的，来自于纯英语学校，交流就是英语，中文很糟糕，然后我教他读了一百多首儿歌，他就写了一首诗：

今天我来做爸爸

爸爸今天不在家

妈妈您别怕

我有小手枪

还有小超人

今天我来做爸爸

老师当时没有给他评奖，因为他没有断句，我们现在老师很少懂儿童诗。孩子是第一次，没有标点符号很自然。我给他一断开，诗的感觉就出来了。后来找学校给了他一个二等奖。

再看一首学生的《我的心》，是个二年级的女孩子写的。她妈妈在南海工作，每个星期五晚上才能回来，对于一个不到六岁的孩子，她肯定很想妈妈。当她读了好多数字诗的时候，她写了这首诗：

> 悲伤的时候
>
> 我的心是无数朵乌云
>
> 开心的时候
>
> 我的心是一朵花
>
> 孤独的时候
>
> 我的心是十个哭脸
>
> 与朋友一起玩的时候
>
> 我的心是一个笑脸
>
> 想妈妈的时候
>
> 我的心是一堆泪水
>
> 和爸爸妈妈在一起的时候
>
> 我的心是无数的花朵和无数个笑脸

大人写诗很少会用"十个哭脸"这样的词语，但是孩子就不一样，写得非常好。

还有一个女孩子，现在在英国的诺丁汉读大学，英国诺丁汉医学院是全世界难考的五所医学院之一，这个孩子说，整个医学院里面只有她一个亚裔的孩子，她从小就立志要当医生。她在三年级的时候，我教了她几首《如梦令》，她就写了一首给她做生意的爸爸。她爸爸经常在酒店应酬，深夜而归。她的词是这么写的：

> 常记天河北路，

爸爸饮酒过度，

醉眼闯红灯，

却被警察捉住，

呕吐，呕吐，引来野狗无数。

还是好多年前，我们学校附近有一个小卖部，校长规定，红领巾每天值日的时候，要抓住哪一个班的孩子去那个小卖部买东西，就扣他们班的分。但是，我们班有个孩子就总是去买东西，我们班的流动红旗分经常因为他被扣分。有一天他买了小卖部的东西吃了之后得了急性肠胃炎，我就跟班长说某同学请病假。班干部站起来检举他，说他当然有病了，昨天抱着大包大包的零食从小卖部出来，还分给我们吃，我们都不吃，都批评他，他肯定是吃错东西了。我就打电话问他爸爸，我说是不是急性肠胃炎。他爸爸说是，说可能要吊两三天针。于是我就把这首《如梦令》发给他，说假如你也能仿照这个写一首《如梦令》给我，那么班委会决定两千字的检讨书就免了。于是他就写出这么一首《如梦令》：

昨日商场日暮，小子昂首阔步，掏出二元钱，捧走美味食物，中毒中毒，吃得下泻上吐。

假冒名牌可恶，害我毒素满腹，上当还受罪，且向哪方投诉，求助，求助，增加打假力度。

每一个孩子都会运用这些文字，不要看小孩，其实他们运用文字的能力比成年人要强得多。记得我上个学期刚刚教孩子们读"羊，羊，羊，小山羊，年纪不大胡子长"。马上有个孩子下课后就编了一套来，"狗，狗，狗，小黑狗，摇着尾巴到处走"。

第三，孩子们在升入初中及以后的学习过程中，很多学生觉得记忆力很好，学东西很快，不感到吃力。

第四，很多家长反映，孩子受到经典素读的训练后，知道如何与家人、朋友相处，言行举止有一定的改观。

上述几点，中华书局的祝安顺老师已经采访过了我的学生、家长和同行，并录制了专门的视频，我想他们说的比我有说服力。

57 家长会支持这样的课程吗？老师如何做才能够更好地影响家长？

我的诵读作业基本上是在正常的课表课时内完成的，所以，绝大多数家长都反映几乎没怎么听到孩子在家诵读，但一段时期后，却发现孩子竟然能背诵了，能引用啦。他们常常觉得很奇怪。当然，那些能时常跟着孩子一起诵读的家长，对孩子的帮助是非常显著的。家长经常跟进，会增强孩子的信心和持续力。再说，我们现在很多家长其实都没有经典素读课程训练的经历，如果愿意的话跟着孩子给自己补上这一课又有何不好呢？我知道西方国家的许多家庭里都有跟孩子一起诵读经典的氛围，为什么我们的家长跟孩子一起读读书就行不通呢？跟孩子一起朗读几遍经典文字难道真的是沉重的负担吗？

这几年，家长对经典诵读的支持率在我所教的班级里是100%，他们甚至总担心教师突然转变了心思，不愿意持续把这门课程开下去。其实，现在的家长，尤其是一些大中城市的家长对教育的关注和思考不亚于学校的任课老师。许多家长要求孩子课后参加诵读班。我在广州时，有一部分非常优秀的妈妈自己组织起来，带孩子诵读经典。这是一个潜在的信号，我们的家长不仅不反对经典诵读，相反，非常欢迎这样的课程。

老师可以怎样去影响这些家长呢？

我的做法是经常给家长写信，会向他们"推销"素读产品。几年下来，确实令不少人发生改变。以前班上有个姓雷的女孩，她爸爸就跟着她一起把《大学》《中庸》背熟了，等我们背诵《老子》时，他也跟着背。一个姓张的男孩的妈妈在我致家长信的回执中写到："您是我认识的所有老师中情感最为细腻，思考最为全面，行为目标最为明确，心境最为清秀明亮，工作最为负责的一个。德铭的每一点进步（包括我和我先生的醒悟）都离不开您的影响。谢谢您，恩师！"我读到她括号里的文字很激动。记得十年前当初我尝试开设素读课时，有家长极力反对，说是火箭都上天了，你还让孩子们读那些老古董的文章，不是搞封建吗？

我后来一次次家长会上宣扬我的理念，从最初的尝试到现在全面推广，路漫漫兮，上下求索而终有所得。2008年刚好是我尝试经典入课堂的第一届学生高考，那个班已经去英国留学的徐紫祺的父母去英国看望、陪伴女儿，三个月才回来，2月11日，我收到徐紫祺妈妈从英国发来长长的信息：

> 你虽然是女儿的老师，可是，我和我的先生都把你视为今生难得的知己。你是我们最亲近的妹妹。你对女儿的启蒙一直影响到她如今，她说话的语气，她运用文字的风格，她对古典诗词的钟情，她对理想的追求，甚至她选择去英国留学，都是因为你的影响。我们给了她生命，而你给了她精神。直到今天，我们还记得你在每一次家长会上的发言，记得你反复叮嘱："不要把孩子当作你的私有财产，你们要为我们这个国家这个社会培养一个优秀的人才！""没有经过书籍的濡染永远不会是一个真正幸福的人。""一个人只为财富活着是远远不够的，你真正需要的幸福是心灵的超然……"这些话改变了我们多少已经是显而易见的……

我写过一篇短文，叫《文字是神奇的药》，我更相信经典文字的特殊药效。1988年，世界各国的诺贝尔奖获得者的与会代表在巴黎发表了一个声明，人类要想在21世界生存下去，必须回到2500多年前的孔子时代去寻找智慧。当时，很多人都以为他们发烧了。因为按许多人的推想，21世纪科技发达，物质上的满足会让人们有更多的时间休闲、思考、尚礼而获得精神满足。但是，事实并不是仓廪实而知礼节，人们是空前的烦躁和慌乱。我们终于到了老子言及的那个时代："虽有甲兵无所陈之，虽有舟舆无所乘之。"现在各国的原子弹据说只要投掷十分之一就可以让地球从此消失，而很多城市的汽车要按单双号才能行驶了。石油已经接近枯竭了。许多人都认识到这一点，孔子学院在全世界的火热，经史子集的抢购，人大代表提议恢复繁体字，都是一件好事。

一部分人能觉悟总是好事。我们背诵了海明威的《真正的高贵》，孩子们都在日记中谈了自己的感想，一些家长看到孩子带回去的这篇文章，也跟着孩子把它背诵了下来。我班有个姓金的孩子，是三年级转学来的。他妈妈是全国著名的企业家，她说她跟儿子比赛背诵了这篇文章，对自己的震撼也很大，在公司的高层员工会议上宣读了这篇文章。她还要求全体员工捧读《老子》和《论语》。她3月8日在全国的行会上发言，也引用了这段话中的句子："在一个奢侈浪费的年代，但愿我能使人明白，人类真正的需求是多么稀少。不重蹈覆辙才是真正的醒悟，比别人优秀并无任何高贵之处，真正的高贵在于超越从前的自我。"班上还有个姓陈的男孩，他父亲是大学里的副教授，说自己以前也读了不少书，但是自从跟儿子一起来诵读这些经典美文之后，才发现真正需要的东西竟然都在小学的课堂里。我就笑他："你这是对小学课堂和小学老师有偏见啊！"他说："不对呀，我现在对很多人都说，小学阶段很重要的。现在的小学老师不同于我们那时候啦，都很博学的！"我说："看看，这才是觉悟！"

58 如何有效开展家校共读？老师该如何对家校共读进行指导和评价？

我提倡"家校共读"一本书的最终目的是培养学生良好的阅读习惯：爱上阅读，专心致志地读一本书，读完读透一本书，涵养阅读的耐性和毅力。这种阅读精神在以声光电色为主要媒介的时代益发鲜见了。因为大多数人渐渐习惯浅阅读——读梗概，读大意，甚至断章取义或只凭道听途说的情节作选择性的阅读。

因此，教师要教给学生和家长精读、"速读"与素读的基本方法，并就每一次"家校共读"一本书的活动给予有效指导和评价。

第一，精读，就是逐字逐句地读，重点段落或精彩章节反复读。一本书可以来回读几遍。这种读法往往是侧重于名家名篇。不仅要熟知读本的内容，还要了解其篇章结构的特点，有些词句最好能烂熟于心。这是最能考量读者耐性的读法。对小学生而言，刚尝试精读时，离不开教师自始至终的关注。

教师要根据阶段目标确立哪些书是近期要精读的内容，提前跟家长沟通，发通知给家长，一是准备好读本，二是家长和老师都提前给孩子提示，介绍将要读的这本书的"历史意义和效应"，起到"广告"的作用。每学期我让全班同学跟家长共同精读一到两本名著，不求量多，只求读精。比如，三年级是《骑鹅旅行记》《爱的教育》，四年级的读本是《格列佛游记》《中华上下五千年》，五年级是《三国演义》《东周列国志》《昆虫记》，六年级是《孟子》《世说新语》《资治通鉴》。每一次精读，都会相应地围绕四个主题来展开读书交流：1.品赏故事情节；2.品读人物轶事；3.品鉴作者妙笔；4.相关讯息报料。一学期举行两次班级品读的交流汇报课，每周根据自己选定的主题写一篇"品读散文"——或品情节或品人物或品作者等等，长短不限，由家长写评语签名。

精读的内容最好是有代表意义的名著。小学阶段，《三国演义》《西游记》《水浒传》至少应该精读一本。以易中天的"品三国"为契机，我在班上开展了精读《三国演义》的活动。教师在给家长的信中倡议："现在，读不懂我们的章回体小说的人为数不少，他们被半文言体的文字吓住了。他们就算面对易中天的评说也只能心领而不能神会，因为他们缺少读原著的勇气。虽然，我们这个班的孩子背诵了很多文言体的文章，但是，具体落实到自己的阅读中还是有难度的。教师只希望有觉悟的家长能陪着孩子读原版的文字，而不是从简缩版中获得残缺的情节。不要担心读不懂，相信您跟孩子对文字的悟性，只要尝试读到五分之一，孩子就不会有读不下去的障碍了。"结果，很多家长一开始以朗读的方式读给孩子听，十几回之后，让孩子读给父母听。一百二十回的《三国演义》每天读一回，原计划至少得用两个月。而实际上，大多数孩子一个多月就逐字逐句地读完一遍。到后来，很多家长和孩子都迷上了《三国演义》。有几个男生已经来回回读了五六遍，把《三国演义》里最不起眼的人物名都记熟了，有些孩子喜欢书中描写人物形象的句子，全给摘抄到读书笔记本。有几个孩子问老师这书中的真实性有多少。老师说了一句"三国是七分真实，三分虚构"。他们说父母不这么认为。老师就鼓励他们去找出推翻这个结论的依据。他们翻读了《三国志》《资治通鉴》和易中天的"品三国"以及什么"水煮三国"之类书，还真找了不少的实例来对证。"一本深入，万本突破"，读万卷书，不如先破一册，这是我倡导的精读理念。

第二，速读，也是一种必要的读书方法。面对浩瀚的书海，我们虽然读不完世界上所有优秀的文字，但还是应该想办法尽量多读点。但凡可速读的书，多是以实事取胜。但速读不是略读，速读更讲究时间上的效率。我从学生三年级时就开始训练速读习惯。一篇文章按字数要求，规定阅读的时间，并达到相应的理解。指读是速读的基本方法，将右手的食指、中指和无名指并拢，逐行指读。可以训练学生手到眼到，手眼并用，高度集中注意力，培养自己迅速捕捉信息的能力。学生四年级时学会这种方式，直到现在，学生作快速阅读时也习惯用这样的指读。速读使他们跟同龄人相比，多读了大量的课外书。当然，在小学阶段，速读适当运用即可，不适宜作为阅读的主要方式。因为，培养对文字的感悟力才是小学生习得语言的主要目标。在家校共读活动中，速读往往被指定用于某些以情节取胜的读物上，比如《格林童话》《哈利·波特》《小王子》《窗边的小豆豆》等等，很多章节都适合选择性地使用速读的方式。

第三，素读，以背诵为目的，不追求理解所读内容的深刻含义，只是纯粹地、忠实于原文地读，直至能熟读成诵。素读的内容要求在学校完成，因为家长跟孩子一起素读费时费力，难以持久。而教师可以在学校里开展各种有趣的诵读活动，逐日积累，不会成为学生的负担。"共读"中有些内容也可背诵，家长就该跟孩子一起练习背诵。

59 如何做到让孩子不排斥素读，乐于素读，更加沉浸于素读？

学生有兴趣读这些古老的文字吗？现在很多孩子对阅读文字是很抗

拒的，如何做能让孩子们不排斥素读，更加沉浸于素读呢？

这是一个看似深奥其实很浅白的道理。吉姆·崔利斯在《朗读手册》中引用了奥维尔·普瑞斯特科的一句话："很少有孩子会主动喜欢上阅读，通常都必须有某个人引领她们进入书中奇妙的世界。"我想老师理应就是这样的一个高明的引领者。

当然，老师除了充分认识到素读的价值外，也不能照搬旧时私塾的做法，那是被证明了行不通的僵硬呆板的方式，难以为现在的儿童接受。但我们完全可以运用现代的教学手段，让素读焕发出新的活力。

比如适当运用多媒体，设计趣味诵读游戏，读读议议，再疑再议再读，最终落实为熟读成诵。基于是集体授课的模式，就调动学生的兴致而言，笔者认为将"比赛"的方式巧妙地运用在每一个教学环节中，会有很好的收效。比如，跟音响中的"老师"对比读，跟授课老师比读，跟同伴比读，小老师领头读，擂台读，发现好词好句似的读……我经常把录音机带进课室，录下孩子们集体的或个别的朗读，然后放给他们听，评议优劣处。我发现这真是常用不厌的兴奋剂，学生总是争着要"录音"。

但不管怎么读，素读的精髓一定不能丢失，那就是朗读不要带有太强的功利性，不要一定追求完全理解基础上的读（事实上这也是很难做到的事情，因为对语言文字的理解，每一个人生阶段、不同的情境中都会各有不同，每个人也会存有差异。不管老师讲解得多么透彻细致，孩子们也很难达到老师所期望的理解层面——孩子与成年人的思维总是存有很大差异）。

总之，我们要清醒地意识到，创造能力是以拥有丰厚扎实的知识为基础的，丰厚扎实的知识基础是需要记忆的，这个世界上没有谁能够摆脱记忆而形成自己的知识素养！我们要做的不是反对记忆，而是反对死记硬背。我们需要赋予古老的素读法以新的生命力，让它成为孩子们记忆经典的一条高效渠道，毫无疑问，这既是对传统的继承，也是一种崭新的创造。

(60) 教师开展经典素读，最重要的应该注意哪些事项?

一定让我们的孩子在12岁之前背诵大量的经得起历史考验的经典，从教学法来说，这些经典必须是能够让孩子接受的，文字上有递进关系，一步一步引导孩子走进经典的殿堂。大家都想让孩子读经典，但是面对如此庞杂的课业，我们的孩子已经很累了，书包里面装着很多很多的书，可是打开来一看，有哪一本书是真正适合孩子的?很少，很多孩子都埋头在试卷里面。

美国有一本书《第56号教室的奇迹》，是雷夫·艾斯奎斯写的，我相信好多老师都会看过。书中有一点我非常认同，跟我们《老子》的思想非常吻合，就是无为而无不为，就是做任何事情都要孩子处于一种自发的状态，孩子都是自觉性。他把建立孩子的品质分为6个等级，第1个等级是不惹麻烦，在一年级的时候就开始培养孩子不惹麻烦的品质；第2个就是从一年级下学期开始培养孩子的荣誉感，“我要得到奖励”；一直到第6个等级是什么?有自己的规则并奉行不悖。这就是儒家说的君子慎独，不管外界如何干扰，我有我自己的规则，我永远奉行它，不违背。其实有很多教育理念，中西方是相通的。

首先，要变革课堂结构和课程结构。素读课程如何进课堂?首先面临的是课程时间问题，这需要变革课堂结构和课程结构：对当前的教材教法做深入改革，以提升学生能量为目标，通过大量诵读的训练达到自己学会通用教材中的内容，课时数尽量减少。那么这些到底是怎么实现的?高年级一周7节语文课，我这样来安排：1节经典诵读课，1节课外阅读课，1节习作宣读课，剩下的4节是语文课。如此算来，除了练习，一个学期真正用在语文课本上的课时数大概就是60多个课时。平均两课时一篇课文。对于素读内容与教材的处理，我采取这样的策略：课文是范例，积累靠经典；技巧在课内，容量在课外。

我倾向于把课文当做范文来教。我觉得语文教材中的选文提供的仅是范例，完全不必把整个学期的时间都耗在语文书里。另一方面，对每一册的教材我采用了“课前学——课中练”的方式：教材最有效的处理就是课前学。一学期学习 30 篇课文，一定要让孩子养成预习的习惯。预习不是去做大量的作业，而是让他去把这篇文章读得滚瓜烂熟，第二天来到学校之后他就对文章非常熟悉了。老师就没有必要一个字一个字去诠释，巩固一下就很好了。也可以让学生课前根据老师教的预习导图，从三个层面来熟悉课文：1. 写什么——内容追问；2. 怎样写——对叙述章法谋篇的揣摩；3. 知识点——对修辞句法及精彩片段的研读；正式上课时，就直接突破重点和难点，教学大纲里或者是教材里面提示很重要的地方给学生们讲一下，避免漫谈无度，剩下的时间全班孩子就主要练习朗读，自由背书，直至通背整篇课文。我的教室里面常常是很乱的，学生们三五成群地拿着书在那里读，在那里背，而我则"无所事事"地站在讲台上。所以，在我的语文课上，教师讲得很少，基本上是学生找自己的读伴读书。语文素养，是读出来的，不是老师讲出来的。

一本教材按 30 篇课文计，学生一学期也就做 30 次预习作业而已。每篇课文设计一份练习卷，也就 30 次练习而已，配合每周 3 篇左右的自由日记，把话写通顺，再加上每个单元做一份综合练习，学期末做两三份复习卷，考试就不成问题了。如此算来，一本教材实际上是不必教一个学期的，大约两个月就足够了。因此，经典素读的课程就有了时间保障。每学期至少有一个多月的正课可以用来开展素读课程；加上每天的晨读、午读各 20 分钟，按每天素读一百字的量，按最低的估算，六年都可以熟练地背诵十几万字。

其次，要教会孩子们考试。当孩子大量阅读之后，教材里面的那一点点文字对他来说已经没有任何障碍了，教材只用来做读写的范例和作为考试的依据。应考也是要教给孩子们的，现在很多老师带孩子读书但不教孩子考试，那是不对的。因为考试是孩子安身立命的必经之路，如果不能够让孩子适应考试，那么我们的孩子也欠缺一种成功感，尤其是家长这一关过不去。

第三，教材教学有方法。我的课简单到只有三个环节：一是课前学，二是师生评讲课文，三是通背课文。那么课前学什么呢？课前，让孩子把每篇课文读熟，熟悉生字词。现在一册教材的课文是 30 篇左右，30 天的时间里面，我不让孩子做任何功课，就让他们把这 30 篇课文在晚上给我读熟，读得滚瓜烂熟，然后按照我给的一个思维导图把它做出来。一篇课文教孩子知道写什么、怎么写的，词采章句谋篇等，这些是出题必考的知识点。一篇课文知识点在哪里，作为老师要告诉学生。当学生知道一篇文章每个自然段写什么，关键词句在哪里，甚至跟这一篇文章相关的内容之后，当他有了这种自学方法和自学能力之后，第二天来到课堂上就不需要一段话一段话一句话一句话去解剖了。第二天正式上课时把重要的问题拿出来讨论，大家共享，15 分钟之内交流，剩下的 20 分钟大家再一起读书，把这篇课文背下来。期末考试前，我有 6 份试卷，这 6 份试卷是一册教材里面八个单元的集合，我就进行专题训练。有 3 份是带着孩子们在课堂上做，另外 3 份自测，测完了以后我们就自己来讲，再加上教研室那 1 份试卷，总共就做 7 份试卷。期末考试前两个星期，就是全力以赴去应考。

第四，注重整体教学。我不喜欢一个案例一个案例来教，把它整体化。比如教拼音，因为拼音就是一种查字工具，一种拼读工具，它不是文字，你根本没必要放那么多的时间去教它，我一般是两个星期教完。我教会学生把一声到四声唱会了。声母先让他背熟了，唱熟了，然后第二个星期就来拼读。声母跟复韵母，跟单韵母进行拼读。教拼音的时候，每一堂课只用 20 分钟时间来学教材，剩下的 15 分钟把大量的儿歌放在课堂。在他读拼音的第一天就要背儿歌，比如像"羊，羊，羊，小山羊，年纪不大胡子长。鹿，鹿，鹿，梅花鹿，头上长着两棵树"。孩子们就会很喜欢，你把这个文字发给他，他在练读的过程中就是紧张和放松结合起来，张弛有度，孩子们学起来就会很快乐。每天背两首儿歌，两个多月下来以后，孩子们基本上能够背 100 多首儿歌，能背 100 多首儿歌之后，我们再来开始写拼音字母。先把拼音写漂亮，拼音要教他笔顺、笔画，比如说左半圆、右半圆、竖右弯、竖左弯这些笔画全部教了之后再来带他写生字。我不会学一个字写一个字，而是把这一册里面出现的要求掌握的笔划全部写在一张田字格上面，告诉他撇尾尖、捺有角、勾略顿再挑、横要平、竖要直，先练笔画，再把这册出现的 100 个"四会"字也写在一张田字格上面。然后学一课或者学两课后，专门用一节课的时间让孩子练字，这种整体练字的时间，会给孩子能够静下来。在此同时，我开始诵读《弟子规》和带拼音的班级常规的口诀来解决识字问题。我们把孩子的名字编成歌，让孩子们唱着歌去排队的，上课读书也是一样。比如很多孩子读书的时候会东张西望，我给他一个口诀：小手指，眼睛盯，大声读给耳朵听；比如写字，好多孩子写字的时候心不在焉，就教给他一个口诀：拿起笔来坐端正，头正肩平双脚稳，一拳一尺加一寸，字字争取得满分。这种口诀是小孩子特别喜欢的，而且能够指导他。用这种像诗一样的语言去跟孩子说话，去跟孩子交流，在课堂上尽量不用喝斥性的、批判式的、消极的语言。有些孩子写字的时会开小差，你给他一句话：一边写一边想，不要一边写一边讲。那么他就会记得，你只要一说一边写一边想，孩子们就会马上说不要一边写一边讲，马上就静悄悄了。好多一年级孩子的家长都会批评孩子"闭上嘴别说话"，《弟子规》则说："话说多，不如少，惟其是，勿佞巧。"孩子很快就安静了，根本不需要老师拿着尺子敲，拿尺子敲不仅浪费时间，又破坏情绪。课堂的氛围一定要让孩子感到有安全感，不能让孩子有恐惧心理。而这些字，日常生活所要的字，都基本上在这里面，他会组成很多的信息冲击孩子的记忆，那么孩子会很容易就把这个字认下来，所以传统蒙学都用韵律来教孩子，《千字文》就因其朗朗上口，所以成为古代儿童的必读。让孩子们识字还有一些方法，一是可以借用一些比较好的识字软件，其次就是教材的有效处理。类似这样的整体教学，孩子们学起来就不会很累，他就会有一个方向感。

第五，作文教学循序渐进。一到四年级我基本不上作文课，就是上日记欣赏课。自由写日记不用强化要写什么内容，就是要让他养成我手写我口，能够自由表达，怎么写都没关系。现在孩子一开始就学写作文，很多时候会讲假话，以后对他做人都是有影响的。一到四年级已经养成了写文章的习惯，他已经不怕运用文字了，到了五年级时，为了应付考试，我们才开始写作文，教他记人、写事、状物各种题材，都让他写一到两篇，然后我们来评比。古人十年寒窗，要诵读五年左右的时间才开笔，当孩子写第一篇作文时，私塾先生和家长都非常重视，举行一个隆重的开笔仪式。我们现在一年级就要求孩子写作文，是很可怕的事情。但是要给孩子一个写作动力，比如创办《作文周报》，把孩子们的日记一周发一篇上去，一周出一期作文周刊，目的就是要让全班的人都成为孩子的读者，他成为每一个同伴的读者，背后一大群家长也是每一个同学的读者。还要培养一帮人作为评论员，我经常会培养几个家委会的人。班上个别的孩子欠缺写作动力，这个时候选了他的文章后，就写一段话给这个孩子，话后面署上家委会的名字。来自于陌生家长的评论对孩子触动力比老师表扬要大得多。通过家委会的力量，就会提高孩子的写作水平。再利用班干部互相帮助一下，那些成绩中下的孩子就会受触动反复去写。这种作文教学我一直在推广，老师们其实可以做一做这样的事，孩子们不怕写作，喜欢写。

第六，素读有量日日清，每日百字左右。我给孩子们定下的教学目标是：背诵十万字，读破百部书，能写千万言。背诵十万字，每个学期按 90 天算，每天背诵 50 到 100 个字，6 年下来就是 10 万多字。同时，我一直强调大经典，同并进。千万不要只让孩子读"四书五经"，"四书"是可以的，"五经"里面有很多佶屈聱牙的文字，不适合孩子大量背诵。但《诗经》是可以的，因为整本《诗经》背下来，大概得半个多学期。一定是"大经典"，不仅是读中国的经典也要读国外的经典。在这样一个中西融合的时代，如果仅仅是读中国的经典，我们依然是跛脚的，不能够双脚齐走。

我自己做的要比这个量大得多。2010 年我带了一个班，不到 6 个月的时间背诵了一万九千多字，像《木兰诗》《爱莲说》《诫子书》等经典名篇背诵，160 多首古诗词背诵，而很多家长不知道这些孩子是什么时间背下来的，其实这些基本上都是在学校完成。我每周四天带孩子们早上 7 点 50 分准时回到学校一起晨读，每天早上我们坚持半个小时的诵读。

第七，反复再反复，不仅可以锻炼孩子的记忆力，也是经典素读教学的不二法门。任何一种艺术都是时间的力量，绝对不会突然间获得的。就是每天二十多分钟，我们反复，日不间断，日有所诵，日有所记。诵读它一定是坚持的力量，没有任何技巧。有题为《西湖边上的一棵树》的一组图，参加2009年世界摄影大赛，获得了一等奖。这组照片实际上是普通的傻瓜机照出来的，没有经过任何修饰和处理。就是拍摄者对西湖边上的那棵树进行了三年的观察，然后在成千张照片里面找出这么几张去参赛，其实拍的就是时间。我很理解评委会把大奖颁给这个摄影师的原因。我很感慨，如果我没有过人的天分，那么就请时间赐我力量。我们现在要在课堂上能够实现诵读，只要坚持每天二十分钟诵读，你就可以与众不同，你就可以让你的孩子在一个一个阶梯上不断往上升。当然还要讲究一些方法，要不然孩子会乏味的，会觉得枯燥。就是说，要把经典经过糖衣的包装，让它能够很美味地呈现到孩子们面前。

我的学生每读一本书都有一本素读记录本，像读《周易》就把"九三：君子终日乾乾"中"乾乾"两个字镂空出来，然后每个孩子都填在他的诵读本上，放学的时候就两个同位的同学拿出经典素读本来，背给对方听。如果背不过去，留下来读五遍，五遍还背不过去，就回家去，明天早上从这里开始再读。星期一诵读新的内容从上周星期五就开始，星期三诵读新的内容就从本周星期一开始，螺旋式上升，温故而知新，孩子们不会觉得累。每个学期开学初，两个星期不读新的内容，都读上一个学期读过的，来回大概是两百遍。心理学家说，当一个人把一段文字诵读两百遍以后，这段文字就会成为他终身记忆的一部分，想忘也忘不了。

第八，选好读本。不是所有的经典都适合在小学来读，一定是有年龄层次的，首先要根据年段选好读本。像一年级就可以读《弟子规》，《弟子规》是一个非常好的读本，讲的话非常具体，比如"宽转弯，勿触棱"，我们的孩子经常在楼梯口跑，互相之间撞，你只要告诉他"宽转弯"，他马上说"勿触棱"，下一次走就自觉绕开那个转弯的地方。学生在课堂上乱讲话，很多老师经常批评，但对孩子没有力量，当说《弟子规》告诉"话说多，不如少；惟其是，勿佞巧"，课堂马上就静悄悄。

古人用“晨必盥，兼漱口，便溺回，辄净手”12 个字把孩子晨起洗漱的卫生习惯说得清清楚楚。

《声律启蒙》也是一本好的读本。我们现在很多人不懂声律，很多语文老师给他一副对联，连上下联倒了都不知道。为什么？根本就没有接受过声律的启蒙。给孩子读《声律启蒙》，你就会发现，孩子的语言也会不一样。“明对暗，淡对浓，上智对中庸，镜奁对衣笥，野杵对村舂。花灼烁，草蒙茸，九夏对三冬。台高名戏马，斋小号蟠龙。手擘蟹螯从毕卓，身披鹤氅自王恭。五老峰高，秀插云霄如玉笔；三姑石大，响传风雨若金镛”，很有节奏的，这样来训练，比我们现在读的课文有趣多了。而且九十四个字集天文地理人文典故一体，每一句话都是一个故事，谁是毕卓，谁是王恭，什么是五老峰，什么是三姑石，都可以解释成一个故事。

(61) 能否具体谈谈您的识字课是如何渗透“六书”常识的?

识字课应该渗透“六书”常识。

人生聪明识字始。每一届一年级的孩子，我教给他们的第一个词语都是“聪明”。尽管才六岁多的儿童，但是我相信任何一个孩子来到学校都希望自己给老师的第一印象是：自己是个聪明的孩子。我这样轻声地对孩子们说：“闭上小嘴，头正肩平，双脚稳稳地贴在地面，你的腰就挺直了。”巡视一遍，于静寂中给做得好的孩子一个夸张的微笑，竖起大拇指抿着嘴朝他们点点头，转身在黑板上一笔一画地写上两个正楷字：聪明（两个字间隔远一点）。轻声问：“认识这两个字吗？”早有孩子大声读了出来。对那个受到表扬的孩子继续追问：“知道这是什么符号吗？”孩子们会说：“这是字。”我会用最神秘的神情告诉孩子们：“对，这是字，是文字，是汉字！是中国人自己的文字！是我们的老祖宗留给我们的最最珍贵的宝贝！”这一个排比句，一字一顿地传出来，希望这第一课成为学生生命中永不消失的记忆。

然后，我告诉孩子们，中国有被世界公认的四大发明：火药、印刷术、造纸术、指南针。而汉字，现在被一些学者称为中国的第五大发明。

我们来看有智慧的古代中国人是如何创造"聪明"这两个字的:"聪"为什么是"耳""眼""口""心"的组合?先看这种组合的顺序就令你感到很特别:"耳"占一半,"眼"在上方,"口"在"心"上(我用简笔画标示出像形的"耳眼口心")。一个人如果要聪明,一定要学会耐心地听别人说话;听了,还要站在一定的高度来"看"——站得高看得远,看全面点,别只顾看自己;聪明的人还要会用嘴"辩论"——培根说"辩论使人机智";当然注意"我口说我心——言为心声",因此"口"在"心"之上,再把所闻所见所辨沉入心底,这样的信息每次只在心里占一个小小的角落("心"在右下角,不可太大),不自满。你看,这个"聪"是多么美的字呀!

针对孩子坐不住、好动手玩文具之类的现象,我会故意问:"聪"字为什么不加个表"手"的部件在里面呢?不是说"心灵手巧"吗?机灵的孩子会说出自己的看法:"手没地方放了,再放上去不好看了。"我会让他们讨论:"是聪明的脑袋指挥双手,还是双手指挥脑袋呢?"

当然是脑袋指挥双手啦!所以,聪明的孩子会管住自己,他的手会像交警叔叔指挥交通的动作一样规范,该指哪就指哪,上课的时候,手乱动会给自己制造学习上的"交通混乱"。

再看"明",有太阳还不够明亮,月亮还来帮忙,亮堂堂的;"日""月"还是组成生命的时间。一个人的心里时时刻刻如"日""月"同时悬天那样透亮,把一切好的不好的照得清清楚楚,并且"天天"坚持做,还会"不明不白"吗?

聪明,就是这样学出来的,不是爸爸妈妈给的。这就是我们的神奇的汉字!每一个汉字都是一位智慧老爷爷,教我们做人的道理。

"汉字本领实在大,不用嘴巴会说话。"这是我教给孩子们的第一句顺口溜。

在此后的学习中,我的学生对"据字析理"入了迷,逐渐掌握初步的字理常识。比如,"鲜",学生一见就说:"美味的鱼跟美味的羊串一块儿了。古人会这样把鱼肉跟羊肉一起煮吗?我要回去让妈妈试试。"

"田力男"，你知道古人在告诉你什么故事吗？机敏的小家伙会说：
"古代的男人都在田里干活，女人留在家里做家务。"颔首微笑中，我
顺便调侃一下："勇敢的男人们啊，现在不用你们下田干活，以后值日
时的脏活累活就多出点力气吧！"等教室里的哄堂大笑过后，我再调出
课件教那首儿歌，并说：老师可不是开玩笑的，希望每个孩子都做到——

滴自己的汗，吃自己的饭，

自己的事情自己干！

靠天靠地靠祖上，

不算是好汉！

教室里的男孩子立刻变得豪迈起来了，有的还故意给同位的女孩子
摆个"昂首挺胸"的姿势，不亦乐乎。

识字课，原不就是这么快快乐乐、"智""趣"盎然的吗？

那么，汉字的智和趣来源何处呢？在"六书"！

"六书"名称，最早见于先秦，在《周礼·地官·保氏》中有记：
"保氏掌谏王恶，而养国子以道，乃教之以六艺：一曰五礼，二曰六乐，
三曰五射，四曰五驭，五曰六书，六曰九数。"到了东汉，郑众、班固、
许慎都对"六书"做了解释。郑众的解释见《周礼·地官·保氏》"五
曰六书"下的注："郑司农云：六书，象形、会意、转注、处事、假借、
谐声也。"班固在《汉书·艺文志》中解释："古者八岁入小学，故周
官保氏掌养国子，教之六书，谓象形、象事、象意、象声、转注、假借，
造字之本也。"

"六书"理论指明了汉字形义的来源，并且告诉我们古人教孩子识
字的同时还要讲每个字的造字法。许慎还说："学童十七以上始试，讽
籀书九千字乃得为吏。"古代认识九千字的人才可以当官。可见，古人
深谙一个常理：每个汉字都包含着某种道理或经验（故事），识字多的
人知识也多。我们不管古人的识字目的，然而，据字析义、索源得趣的
识字方法丢失了，却是很可惜。

汉字里的学问穷尽多少人的智力也无法全部昭示，传统的观点都认为汉字中形声字占了 80% 以上，而被誉为"当代新说文解字"的《汉字字源》却推翻了这种观点，认为会意字在汉字中占 80% 以上，而不是形声字。在这本书中，作者这样告诉我们："汉字是世界文明古国所产生的原发性文字中唯一现在还在使用的文字，也是世界上唯一高度发达的表意文字体系。"并且，指出新的研究发现，汉字的"六书"应该是指：象形、示意、指事、会意、形声和记号。至于传统意义上的"转注"和"假借"则是指汉字的运用方法之一。我们的语文老师都应该知道汉字的这些特性，并将这种造字法的喻义渗透给学生，让孩子们知道每个汉字都蕴涵着一个独立的、生动的、鲜活的精神世界，是一张张可独立审视的面孔。以哲学的智慧来分析，汉字不是简单的图示符号，是生命。因此，汉字的书写可以穷尽一个人终生的心力。书法，之所以只为汉字所独有的艺术，正缘于此。

有了这样的认识，识字课就不该那么机械、枯燥、了无情趣。其实，这些常识都被潜心研究汉字文化的专家写在书里，老师们信手拿来用就行了。比如黄亢美的《字理 + 心理 = 合理——凸显字理，领悟汉字的文化内涵》不仅例举了大量常用汉字的字理，还提供了一些教学技巧，这么好的研究成果语文老师不传播，我们的汉字文化靠谁传承呢？

其实，字画不分家，习字也如习画。先临摹，画上一段时期，有了基础和系统的感性认识，便可自通画术。我们的孩子倘若掌握了近千字的习字经验，不仅会减少错别字，还能触类旁通，自学许多字，自己领悟蕴藏在汉字中的智慧和精神，不是胜过我们逐个逐个地教吗？

62 语文老师如何从字理、诗词格律知识方面加强专业素养？

做为语文老师，应该学点字理和诗词格律知识。

给孩子们上对联课，听课的老师常会感慨：怎么我小时候就没人教教我吟诗作对呢？

面对这些老师沮丧的神色，我总是真诚地说："现在开始学，还不晚。"

然而，大多数老师都认为现在再来学诗词歌赋，为时已晚。

或许正因为不少的老师怀抱遗憾，却不愿下功夫从头学起，那些一度被视为雕虫小技的诗词变得深奥莫名，诗文中那些活泼泼的文字组合形式也淡出了我们的视线，我们的语文课堂才越来越无趣。现在的语文课，只要应景似的把课文中的几个灵活耀眼的字词揪出来评述一番，就算是有语文味了。其实，真正的语文不是这样枯燥沉闷的，是非常轻灵有趣的。现在，许多语文老师一头扎进了文字学的冷库里，把教汉字变成了拆分方程式，对一个汉字的教学过程就是读音——数笔画——组词——造句——写字。零碎，单调，生硬，如何能激发起孩子们对汉字由衷的热爱呢？

汉字有着无穷的魅力，是集智慧、审美、情操和志趣于一体的艺术。现在我们使用的是简化字，在许多方面已经淡化了汉字的字理属性。倘若去读读繁体字版本的诗词，你真分不清到底是诗词升华了汉字，还是汉字升华了诗词。每一个汉字就是一幅画，是一首禅诗。比如联珠（顶针），比如藏头诗，比如字谜诗，比如回文诗，甚至绕口令，这些洋溢着汉语机智幽默的诗作，都是借助了汉语独有的奇异禀赋——汉字表义原理和声韵格律，才得以展现其不同的智慧和趣味。作为语文老师，对蕴涵于汉字音、形、义中的字理及传统的声韵格律，不能达到精通，也该熟知一些基本的常识。

我们的识字教学没能培养孩子们的字趣情感，也就直接埋灭了他们对运用汉字的探求热情。大多数孩子的口头语或书面语，总是难以见到精彩的新字新词。如今的国民，不仅鲜见有人把玩"迎送远近通达道——进退迟速逍遥游"这样的文字游戏，连"鸳鸯——蛱蝶""芙蓉——杨柳"这种充满童趣的幼儿识字方式也式微了。还有不少语言学家指出，国人对汉字的漠视，只能集中地使用少数的熟字熟词，使大量的汉字变成生僻字静躺在字典和词典中，汉语语汇变得空前的枯竭。从这个层面上讲，语文老师必须有一种捍卫母语的使命感。而能行使这种使命的途径，就是让汉字的美代代传承。

"苗为田头草"求下联，马上有人对"愁是心上秋"，平仄和谐，对仗工整。这样的识字不比把一个字就笔画数的多少进行拆分有趣多了？更重要的是，下次读到"自古逢秋悲寂寥"这样的句子，便有了朦胧的相识感。比如，"忙"是什么？一个过于忙碌的人就会容易把"心"丢了。每次，我把这个字的教学作为一年级入学的养成教育课，针对一年级的孩子上课只顾说不能专心听的状况，把"耳"与"口"的位置掉换，让孩子们评说理由，给他们留下深刻的印象。而这样的识字，还能提高学生对汉字的运用兴致，砥砺一个人对汉字的敬重心理。

汉语的另一个显著特点是由汉字四声形成的音乐美（参看王力《略论语言形式的美》）。这种美直接从汉文学的诗词歌赋中流淌出来。

我有一个顽固的执见，一个没有诗词意识的人不配做语文老师。语文老师不必是出口成章的写家，但至少应该有一个盛满诗词的情怀。时下，在小学里，似乎认识字的人都可以成为语文老师。许多人拿着一副对联，上联和下联都分不清也可以站上讲台教语文。面对一首优美的诗词，连节奏都读不对的语文老师也为数不少。这真是语文的悲哀。如此的境况，我们的汉语教学怎能不举步维艰呢？

一个人的诗词涵养最好从基础的诗律开始习得。汉字的四声法则赋予了汉语优美的音律。在世界上的其他语种中，仅仅是汉语才具有这种音韵之美。汉语，声调分四声，格律有平仄，一句话，一段话，不管长短，都构成了一唱三叹、回环往复的脉息。从《诗经》到明清时期的章回体，每一句，每一行，每一章节，因其隽永有致，既宜于低吟轻唱，也适于扬声拍案。

语文老师，应该掌握一点声律的常识。可以读有关诗律的论著，比如，王力的《诗词格律》和《诗词格律概要》，启功的《诗文声律论稿》，都是薄薄的一百来页，读完后，对诗词格律的要素有了基本的了解。尤其是《诗词格律》，深入浅出，详尽地论述了平仄对仗之外，对诗词的节奏和语法特点也讲得很具体浅白。此外，朱光潜的《诗论》和夏传才的《诗词入门》，也都是不错的读本，从中可以通晓鉴赏诗词的必要技法。

读读刘坡公的《学词百法》，尝试照着书中的体例，从小令开始，比如按"虞美人""清平乐""浪淘沙"等范例填词，坚持一两年，自有奇功可见。现在不少的老师对一首诗词的品读角度单一，离开语境，抛开诗词中的押韵和平仄，没读几遍，就去谈鉴赏，强硬地牵引着学生按照教师的渲染去想象画面、倾诉情感、升华认识。结果是几年下来，学生诗词没背诵几首，鉴赏能力也没见提升，一看到诗词还心生怯意。

王元化先生在《汉语的雅与俗》中说过：汉语的第一美是汉字的"内敛"之美，符合东方美的特征；音律美是汉语的第二美。语言跟音乐的密不可分，在清代的徐人椿《乐府传声序》中也有论述："乐之成，其大端有七：一曰定律吕，二曰造歌诗，三曰正典礼，四曰辨八音，五曰分宫调，六曰正字音，七曰审口法。七者不备，不能成乐。"

如果我们悟透诗与歌、文与歌音律关系，在诗或文的教学中善加运用，对文字的记诵或是参悟必然会是绝妙的辅佐手段。这么多年来，我只见过戴建荣老师运用了诗词的这种音乐特质教孩子们学诗词。尽管戴老师在课堂上并没有深入地用术语讲格律知识，然而，他通过形象的比拟、可视可感的肢体语言、声色鲜明的吟诵示范，在课堂上适当地运用了诗词的节奏和平仄，引领孩子们或吟或诵或唱或舞或蹈，品出了一首诗中浑然一体的意境，撩开了诗中每个汉字的语境，使课堂充满了音乐的质感。这也正是令听课老师耳目一新、暗自赞叹的缘由。这种教法，作为诗词启蒙的兴趣引入，我们在教学中也是可以效仿的。其实，诗词的教学，也只有运用了诗词固有的平仄和韵律特质，展视其音乐性能的一面，才为学生所乐学。

其次，略知一点诗律常识，不仅对诗词教学的鉴赏、品读有帮助，还是吟诗作对的必要素养。许多人就是畏惧其精致的规格，不敢贸然作诗。日常生活中，我们并不需要臻于诗人作诗的娴熟技法，懂得些许基本规律就行了。比如，律诗、绝句中的平仄和平仄变格关系，"对"和"黏"的运用规律，知道什么是"孤平""失对""失黏"，什么是"拗句""拗体""拗救"等常识。懂得了这些，对课也就好上了。

古代的对课也就是现在我们说的对对子。我们现在可把它看作是诗词创作中的特例。撇开诸多生涩的格律要求，在启蒙时期，把坡度放低，对联的练习只要求符合下面三个条件即可：上下联的字数相等；上下联的内容相关；上下联之间的平仄关系是这样的：平对仄，仄对平。平平对仄仄，仄仄对平平。单数可放宽，偶数要分明。在刚练习的阶段，甚至连平仄规则也可适当放宽，只强调“上联尾字仄，下连末字平”就够了。完全不讲，会引起混乱，也不宜于今后的进一步提高。

我在课堂上把这些知识渗透给孩子们，他们很快就明白了。在历次的公开课上，我把这些基本的法则通过具体的练习表现出来，老师们都恍然大悟，原来对联是这么有趣，这么容易学。我用广州的名胜“白云山”做上联，在征求了众多的答案之后，有个孩子对出了“黄花岗”。接着有孩子就提出来，“白云山”应该是下联才符合“上联尾字仄，下联末字平”的规则。当我出示“囊萤映雪”，要求用《三字经》中的典故来对下联，一开始有孩子对为“悬梁刺股”，马上有同学提出改为“刺股悬梁”要好，接着有同学对出了“削简劈蒲”和“挂角负薪”。面对来自香港的客人，四年级的孩子们对出了：紫荆紫，紫荆朵朵艳——红棉红，红棉树树香。紫荆是香港的市花，红棉是广州的市花，平仄有待推敲，可寓意新颖，尾字对得还算工整。小学生能这样慢慢地染习，诗性品格自会培成。

(63) 读写能力的培养您是怎样解决的？高年段学生写作应如何训练？

就作文和读书的关系而言，古人有言“劳于读书，逸于作文”。我们现在的孩子接触的信息量很大，阅读的书籍也不少，可是，真要动笔写点小文，就犯难了，原因就是只进行了阅读的积累，没有进行素读的积累。

旧时学子的“劳于读书”，不似今天“偶然的，随意的”翻看般的“读”，是唱，是背，是“劳”于诵，也是“劳”于记，在肚子里扎扎实实地装下了大量的文字，将典范文章的行文立意之法揣摩个透，被视为"兵卫"的辞采章句早已烂熟于心，可信手拈来。杜甫说："读书破万卷，下笔如有神。"这个"破"字就是让书中的文字烂熟于心。这些文字成了一个人一生所需的文化"酵母"，到了一定时期就酿出芳香无比的醇酒了。并且，这样的"酵母"素一定要在小学阶段植入方能事半功倍。

有人问日本著名的作词家左藤八郎为什么总能写出好诗，他回答："因为我从小记得很多诗，到现在能够背诵下来的有五千首左右，知道大概意思的有五万首吧。……如果没有它们，我就写不出好诗。"所以，好文章背诵得多，灵巧的词采、晓畅的章句、铿锵的声律、精密的谋篇，口诵心惟，日长月久，习焉不察，内化为自己能力的一部分。加上日后的泛观博览，慎思笃行，将古人的感受，比照自处的情境，便可印证永恒的人性世情，于不经意处已是层楼更上。

如何解决读写能力的培养？这是老师们最担心的问题。

以前读写的本末问题也一直困惑着我。在整个小语教学中，读写的目标好像只凭字数篇幅来确定其难易程度。学生从一年级开始就陷入了阅读与写作的训练中，产生了严重的畏惧心理。从人的语言习得规律而言，除了个别天才，没有几个人在十岁以下能做到仅凭读过几篇课文就能写出好文章来的；而在十岁之前的作文基本上是没有办法仅凭教师的指导就可以提高的。因此，小学的中低年段最好不要强制性地写作文，对揠苗助长的作文教学我不赞同；对那些到考试时要么临渴掘井地进行强化训练，要么让学生背诵作文应考的行为，我更是深恶痛绝。倘若有足够的阅读量和文字储备量，还怕孩子不会写那张试卷上的作文吗？《大学》开篇告诉我们穷通事理的方法是："物有本末，事有终始，知所先后，则近道矣。"为什么我们没有走上语文教学的康庄大道？我们对语言习得的"先后""终始""本末"都没弄明白。一说读就要写，一说写就要成为能刊发的作品，这是强人所难。

旧时私塾那种做法的初衷和终极目标都体现为"积累"：在童蒙时期输入大量的经典的完整的文本信息，为言辞行文确立了可效仿的典范，以期达到将来的厚积薄发之功。这是遵循了语文的学习之道。

作文能力不是靠老师的说教和批改形成的，而是大量阅读后自然生发的，作文可以点拨，却不可以逐字逐句地教，所有作文教学秘诀，最终能实现，它都取决于写作者本人的阅读量，大量阅读不会写作的孩子是极少数的，并且可以通过点拨提升，但阅读量不足的孩子是绝对无法提升他的写作能力的。所以，我把写作的训练押后。

我把正式的写作教学放在五年级才开始。中低年级全是学生的自由日记，每天自己写一段话或一篇日记。我称这段时间为“素记”训练期——朴素的、真实的记录自己的生活。目的不是获得写作技巧，而是养成运用文字的习惯和信心。每天的家庭作业就是“读书”、“采蜜”，低年级规定十分钟的日记时间，中年级是二十分钟，能写则写，不能写就收笔。加上教师每天不遗余力的鼓励，没有经过作文训练的孩子一样能写出好文章。因为他的阅读量起着关键的作用。五年级后，再讲作文技法，一切就水到渠成，毫不费力。学生的作文能力不是靠老师讲出来的，是自己读来的，是靠教师的鼓励提高的。

(64) 您在激发学生写作兴趣方面有什么好办法？

兴趣是非常关键的。当然，引发兴趣的方法更是关键！

我的班级周报就是学生自觉写作的动力源泉。每周两期的作文周报成为学生和家长关注习作水平的窗口，所有在周报上发表的文章都是学生小组互评互改，教师只提供参考意见，这起到了很大的作用，也省去了我一本本批改作文的时间。关于作文周报的做法，给大家介绍一个比我做得更好的老师，就是管建刚，他最近出了一本书叫《我的作文教学革命》，非常好。我原来的做法成本比较高，每周两期也不能保证每个孩子都有文章被刊用。管老师的操作可以移植，简单易行，我参考他的做法后，简单多了。他还有一整套的激励措施考试。

另外，组织家委会评论员评论学生作文，这也是促进学生写作的动力。

(65) 中低年段学生的写作如何教？我们需要注意些什么？

作文教学方面我的一个心得就是：先读书，后作文；阅读提前，写作押后。

儿童期的语言习得有两个目标，一是现世当下的目标，以利于生活的交流；另一个目标是为储备，为将来“生活在别处”而做准备。从学习的终极关怀而言，后者更重要。现在的阅读是为今后中学甚至未来的人生服务的。

书没读到多少，就要侧重写，对孩子是人为地设限，不仅违反了语文“厚积薄发”之常理，也造成孩子的畏惧心理。所以，我把写作的训练押后。中低年段以阅读为主，不主张规范似写作。

从一到四年级，学生每天的作业就是以“读书”、“采蜜”（做读书笔记或摘录）为主。一学期下来，平均每个孩子的摘录量都在四万字以上。

对写作，低年级以自由日记为主，我手写我口，可以随意地写写心里话。比如，从二年级开始，让孩子们写“感恩笔记”——每天真实地记录他人为自己做过的一件小事。我基本是读而不大改，欣赏而不过度纠正。基于两个原因：一是学生的起步作文通常不堪一改，因为他们的认知和文字运用能力都极其有限；二是改得过度，很大程度会挫伤孩子的写作热情。孩子只是在运用语言，而不是创作。只改病句、错字就行了。我固执地认为，作文水平的提高不能靠硬教，作文是教不会的，是自己读书多了就无师自通的。还有一个客观事实，教师每天埋头批改作业，对自身的发展也极其不利，因为没有时间读书，自然不可能把发展的眼光投向学生。

从二年级起，我要求家长配合，每天的阅读量要登记，我在家长会上说，语文不需要补课，也别去参加作文补习班，你只负责每天听十分钟孩子朗读他自己选的文章，然后监督他阅读200字以上的文章就行了。对那些语言感悟差点的孩子，就只要求朗读200字以上的文字，阅读的量可降低。四年多来，根据家长的统计，我班的学生背诵了八万多字，全班44个孩子有35个读破了100本课外书，有近20个孩子读了300本以上的书，做了大量的读书摘录。在五年级上期之前，我几乎没有教过作文，却有十几个孩子的文章先后在各种少儿刊物上发表。到五年级下学期，我让孩子们每天写一篇日记，有话则长，无话则短，培养他们诚实为文的品质。全班连最差的孩子也能写出感人的心里话。

语文教学的目的不就是达到自能读书、自能作文吗？有了前面的铺垫，把作文的微格指导放在五年级下期来教，就不会很费力了。有的老师担心不作精心指导，考试时学生就不会写作文，其实，读了那么多书之后，不能马上穷通是事实，但是，对付每个学期的检测还成问题吗？所以，即使到了考试的前一天，我的学生也还在读课外书，他们是没有考试的压力的。

(66) 写日记的重要性体现在哪里？具体如何指导小学生写日记？

黎锦熙先生在《各级学校作文教学改革案》中提出一个观点：日札优于作文。我十分认同。日记是日札的一种形式。一到五年上期，我强调的训练是以读书摘录为主，摘录也是札记的一种形式。到这个学期，我强调以日记为主。这是顺应语言学习规律的。作文要押后是我一贯的观点。即使到了高年级，日记也比作文重要，最重要的是培养孩子说真话的为文品质。日记的训练还把作文的难度分散到日常中，减少了初学作文者的畏难情绪。每天根据批改的情况进行点评，因为题材不同，内容不同，描述的手法各异，每次宣读那些文质兼美的日记或随笔，都会给孩子们以新的启发。汤艺舟同学根据自己观察到的“千年古树不倒”写的日记，我读给大家听，孩子们都鼓掌。我稍事修改了个别词语、调整了一下叙述的顺序后推荐给了杂志社。

美国人威廉·W·维斯特提倡写“自述文”，认为自述文可以“培养你对周围生活的注意力，就好像原来是一台只能收两个台的蹩脚的收音机，现在变成了一台昂贵的、复杂的立体收音机，能够从四面八方收到多达数十个精确的逼真的广播节目”。这样的文字最大的意义就是促进学生对发生在身边的事情进行思考，能不经意间做到曾子说的“吾日

三省吾身"。我一直在想，如果可能，学校的考试其实就可以把日记当
＊＊＊＊
作对学生的考核内容之一，不仅真实，那种题海应考的战术自然会消失。
大凡有日记习惯的人都会是对自己要求很严格的人，内省才能臻于完善。

附汤艺舟同学的日记一则：

2008 年 2 月 25 日　　　　　　星期二　　　　　　阴雨

千年古树

　　我们经常在一阵狂风暴雨过后，看到一些大树被吹倒。很多
人都会认为：树大招风。其实，只要仔细观察就会发现，那些被
吹倒的往往都是枝繁叶茂而根基却较浅的树。

　　抬头看看那千年古树，历经风雨，却不易被折倒。顺着它粗
壮的主干往下看，可以想见深扎地下的是它盘根错节、纵横深远
的根脉。这才是它能成为千年古树的真正原因吧。

　　那些只知道要往上攀高而不重视打牢根基的树，终是支撑不
了树冠的压力和风暴的推力。做人做事也是一样，先要把根基打
好才可持续地进步，否则，就算得到荣誉，也保不住永久的光环。
我们生活的各个方面，类似"根深树方大"的例子不是比比皆见吗？

　　回看当今的有些流行歌手，可能因一两曲而成名，但因为音
乐和文化素养的欠缺，他们中的一些人在一两年后便销声匿迹了。
难怪常听长辈说，任何艺术都需要深厚的"童子功"方可有造诣。

　　艺术如此，做学问也是如此，

　　在阅读古今名人的文章中，我知道曾做过北京大学校长的胡
适先生，从小熟读经书，13 岁就读完了《左传》，27 岁在美国
哥伦比亚大学获得博士学位，正因为他的功底非常深厚，所以他
三十多岁就写成的《先秦名家研究》和《中国哲学史》等著作，
至今都非常值得研究。

　　由此可见，根深才能叶茂，树的生长如此，人的成长又何尝
不是这样呢？

67 有的孩子很爱读书但却不会写作文，如何帮助这样的孩子突破、提升写作能力？

不少家长问，孩子不爱写作文，常常为一篇作文咬断笔头还没写出几个字来。我想，首先要追问的是孩子的阅读多不多？如果一个爱阅读的孩子不会写作文，那么，就应该是没有找到恰当的突破口，没有让孩子体会到写作表达尊严感。孩子不会表达、不愿表达、不爱表达的各个关口被什么堵塞着，需要仔细分析。

提升一个有一定阅读基础的孩子的书面表达要分三个阶段来训练：

一是句式训练。通过对句子的分析、实景的模拟、文本案例，把各种句式句型拿出来反复朗读感受，让孩子知道，句子中的词序不同，感情色彩自然也不一样。让孩子能真切感受到各种句型的独特的"传神"程度。一段话里，往往就可能因为几个特别传神达意的句子而有了活力。

二是篇章布局。这个训练很必要。要教孩子"看题立意"，由意生篇。篇章之间的结构要懂得运用一两种特殊的技法，比如伏笔、插叙、倒叙等，不求多，一篇文章里有那么一点"奇特"性就够了。

三是要会选材。大立意，小选材；轻感叹，重细节。孩子们总是急于表达自己的看法，急于感慨，可疏于对生活细则、画面局部、事物原生态的描绘。细节描写，这是小学生最头疼的问题。孩子们会编故事，但编的是梗概，会编很多神奇的传说，而所有的惊险的故事经历一般都用第三人称简单叙述交待。往往不能把日常的、生活化的内容写生动。比如，很多人都写过有关父亲母亲的文章，但是极少人能写好。而记一次难忘的经历这样的题目，却不会难倒孩子，原因就是孩子们喜欢写大。可事实上，真正能把文章写好的人更愿意在细微之处下功夫。我们常常要求孩子注重细节描写，但孩子总是不知道哪些是细节。

要想让孩子写出好文章来，还要首先要引导他感受好文章与差文章之间的差异。把一篇文章给孩子读，当孩子们能比较准确地说出一段文字的优劣后，他自然会有参照性地在自己的作文里进行正确而生动的表达。

68 您课堂所用的成语接龙很好，成语接龙应该如何训练？

我让学生背诵的成语接龙内容，是以《登鹳雀楼》诗句作为龙头，构成20条"成语龙"，共1000条（版本来源于《汉文化启蒙教育读本——成语接龙》）。由于成语的首尾相接，恰巧形成提示与串联联想，大大提高了记忆效率，正可谓：背诵一首古诗，熟记千条成语。

由于一些老师问到这个问题，希望学习，现摘录于此供大家借鉴：

> 成语接龙开头：白日依山尽，黄河入海流。欲穷千里目，更上一层楼。

白字龙

白头到老　老气横秋　秋高气爽　爽心悦目　目不斜视

视死如归　归心似箭　箭不虚发　发扬光大　大获全胜

……

镂空记忆样式：

> 白……老……秋……爽……目……视……归……箭……
> 发……大……
> ……

日字龙

日积月累　累卵之危　危急存亡　亡羊补牢　牢不可破

破釜沉舟　舟中敌国　国泰民安　安居乐业　业精于勤

……

镂空记忆样式：

> 日……累……危……亡……牢……破……舟……国……
> 安……业……
> ……

依字龙

依然如故	故步自封	封刀挂剑	剑拔弩张	张冠李戴
戴罪立功	功败垂成	成败得失	失魂落魄	魂散魄飞

......

镂空记忆样式：

依……故……封……剑……张……戴……功……成……
失……魂……

......

山字龙

山南海北	北面称臣	臣门如市	市井之徒	徒有虚名
名落孙山	山崩地裂	裂石穿云	云蒸霞蔚	蔚然成风

......　　　　　　　　　　　（镂空记忆样式同上，以下略）

尽字龙

尽忠报国	国计民生	生花妙笔	笔扫千军	军法从事
事不宜迟	迟疑未决	决一雌雄	雄才大略	略见一斑

......

黄字龙

黄粱美梦	梦笔生花	花红柳绿	绿叶成阴	阴差阳错
错综复杂	杂七杂八	八仙过海	海纳百川	川流不息

......

河字龙

河伯为患	患难之交	交口称颂	颂古非今	今非昔比
比比皆是	是非分明	明知故犯	犯上作乱	乱箭攒心

......

入字龙

入木三分　分秒必争　争名夺利　利令智昏　昏昏沉沉
沉鱼落雁　雁过拔毛　毛手毛脚　脚踏实地　地动山摇
……

海字龙

海阔天空　空洞无物　物尽其用　用非所学　学富五车
车水马龙　龙腾虎跃　跃然纸上　上勤下顺　顺藤摸瓜
……

流字龙

流芳百世　世代书香　香车宝马　马到成功　功德无量
量力而行　行云流水　水滴石穿　穿壁引光　光明正大
……

欲字龙

欲擒故纵　纵横驰骋　逞强好胜　盛气凌人　人才辈出
初露锋芒　忙里偷闲　闲情逸致　掷地有声　声情并茂
……

穷字龙

穷困潦倒　倒行逆施　施谋用智　智勇双全　全力以赴
赴汤蹈火　火树银花　花样翻新　新陈代谢　泄露天机
……

千字龙

千锤百炼　恋恋不舍　舍生取义　意气相投　投机取巧
巧取豪夺　夺眶而出　出头露面　面红耳赤　赤胆忠心
……

里字龙

里外夹攻　攻守同盟　梦幻泡影　迎头痛击　鸡犬不留
溜之大吉　吉星高照　照本宣科　科班出身　身体力行
……

目字龙

目光短浅　浅尝辄止　纸醉金迷　弥天大谎　惶恐不安
安然无恙　快快不乐　乐此不疲　疲于奔命　命中注定
……

更字龙

更深人静　精兵简政　政通人和　和盘托出　出乎意外
外强中干　干净利落　落叶归根　根深蒂固　固执己见
……

上字龙

上行下效　效颦学步　步人后尘　陈辞滥调　吊民伐罪
罪大恶极　嫉恶如仇　踌躇满志　志同道合　和蔼可亲
……

一字龙

一字千金　金戈铁马　马马虎虎　虎背熊腰　腰缠万贯
管宁割席　席卷天下　下不为例　励精图治　治病救人
……

层字龙

层出不穷　穷则思变　变化莫测　侧目而视　视而不见
见义勇为　为人师表　表里相济　济世之才　才貌双全
……

楼字龙

楼台亭阁　格物致知　知难而进　进退无路　路见不平
拔刀相助　诸如此类　泪如泉涌　永垂不朽　朽木不雕
……

69 可否请陈琴老师为学生开设一份书单？

一直有网友和老师请求我给孩子们开设一份书单。开书单，我总觉得没有必要，因为现在的书实在太丰富了，走进书店，随便一眼扫去：好书都摆在那儿呢，应该不存在挑选的困难呀。可最近不止一位朋友说：你讲的那些书名很陌生，记不住，你还是写出来吧。他们中的一些人甚至不无尴尬地坦白：之前只知道《论语》，四书五经到底包括哪几本，自己还不知道。

这样的话，我听了起先是非常讶然，可后来就不足为奇了。因为有一次，我跟一个老师讲《春江花月夜》这首诗的记诵方法时，她很出乎意料地冒出一句："啊？这是你写的词吗？真好啊！不过，好像配不上那首曲子呀！"她只知道有《春江花月夜》的音乐，不知道张若虚的诗。

我不是觉得她孤陋，而是觉得我们这一代和上几代人所读的文字实在太少了，学生时代记诵的内容也实在太少了。好多人，看起来是读书人，却没有真正地把一本书读进去，所读的书中没有一本有分量的。一百多年来，我们在误读。许多朋友问，你是从什么时候开始喜欢读那些古书的？我通常不能详答，因为，在我印象中，没有什么书叫作"古书"。所谓的"古书"是甲骨时代的文字呀，那些优美的文言文怎么叫作"古书"呢？倘若我们心中一开始就把它们视为"古书"，心距无形中就被拉开了，亲近感自然就少了。

最近一直有人在跟我辩论"为什么非得要读你推荐的那些经史子集？读现在的书，读西方的书一样可以使人聪明有智慧，一样可以成为有学识的人"。我知道，任何一种信念都是有坚固的实证经验做后盾的。那些秉持不读中国的"古书"也一样能成才的宏论者，有他们亲历的事实作证，他们说："我们的现代科技，哪一样是靠古代的智慧创造出来的呢？"他们认为，开卷有益，文字无国界，甚至西方的思想更能武装我们的脑袋。

以我之浅陋，通常是不能胜任这样的雄辩。但我知道，无论科技如何发达，一个民族的人文经典得不到传承，这个民族是不可能真正优秀的。

所以，如果非得要精挑细选，我还是希望先从本民族的经典读本开始：
幼儿读本，为识字计，《三字经》《百家姓》《千字文》《弟子规》

《声律启蒙》和《唐诗三百首》或《千家诗》依然是非常好的蒙学读本。如果家长有计划地让孩子诵读，把每次读的内容反复读给孩子听，经常回过头来复习，甚至用电脑把每天诵读的内容以大号字体打印出来，让孩子拿着指读，这几本书背完后，就具有了基本的识字量，可以开始自主阅读寓言、童话了。寓言、童话还是国外的那几本名著好，比如，安徒生、格林、托尔斯泰、拉封丹、伊索等，是不可绕过去的经典作家。

中年级段的孩子，可以诵读《大学》《中庸》和《论语》《宋词三百首》。有些老师一开始都以为《中庸》这样的文字太难读，孩子很难接受的。其实，凡是论述大道的文字，孩子的天性都不会接受。可是，为什么要在这个年龄段去记诵那些有坡度的文字呢？因为，对于孩子而言，只要稍微懂得字面意思，行文的节奏感很鲜明，就不会有记诵的障碍。而实际上，我个人觉得《中庸》的行文之美是胜过《论语》的。如果你觉得让孩子背诵《论语》可以接受的话，那么《中庸》就更不会有困难了。此外，在这个阶段，可以引导孩子阅读一些国内外的优秀小说。我觉得，读小说的耐性在九岁左右开始培养是最好的，一是有了一定的识字量，生僻字不会成为阅读的主要障碍；二是有了一定的童话阅读基础，对小说通常以长句见优势的文段不会陌生，也能读懂句意和段意；三是这时候的孩子特别需要沉静的品行，教师或家长引导孩子耐心地读一本有厚度的书，要求孩子完完整整地读熟一本书，对孩子培养自己的阅读品质是极有裨益的。适合中年段孩子阅读的小说有《爱的教育》《红岩》《汤姆·索亚历险记》《基督山伯爵》《福尔摩斯探案集》《小王子》《秘密花园》《柳林风声》《会飞的教室》《格列佛游记》《雾都孤儿》《说岳全传》《三侠五义》《鲁宾逊漂流记》《西游记》《窗边的小豆豆》《昆虫记》《老人与海》……

高年段的孩子要诵读的内容可选择《老子》《庄子·内篇》《孟子》《孙子兵法》，此外，《史记》《古文观止》《诗经》中的优秀名篇也可尽量多背诵一些。国外的名家名篇，别的可以暂时缓一缓，而泰戈尔的《飞鸟集》《吉檀迦利》和纪伯伦的《沙与沫》《先知》中的名篇是应该选背的。

泰戈尔的诗文中有很多是朦胧诗，学生一定有理解的困惑，但由于翻译这些文字的人都是真正具有诗感气质的文学家，如冰心，文字很华丽，孩子们还是能接受的。纪伯伦的文字具有非常浓郁的宗教色彩，这种文字如果深植于一个人的心灵深处，是会产生奇妙的"药性"的。我们不是要孩子成为宗教徒，可是来自宗教的智慧却是不可替代的。有些话此时不懂，有一天却成了心灵的福泉，所以不难理解，为什么西方有智慧的父母总是在孩子极小时就要求诵读一些纯宗教文字的书，要把像《圣经》这样的书本完全背熟。

这个年段的学生阅读面会更广，自然科学及科普类的读物都是必不可少的。这要视孩子的兴趣而定。而文史的阅读，尤其是国内外的小说可向学生推荐《母亲》《巨人三传》《约翰·克利斯朵夫》《哈姆雷特》《悲惨世界》《巴黎圣母院》《简·爱》《三国演义》《水浒传》《儒林外史》《牛虻》《钢铁是怎样炼成的》……不可忽略的是，这个时候的孩子一定要读几本名人传记，比如《孔子世家》《周恩来传》《富兰克林传》《梵高传》《林肯传》《爱因斯坦传》《居里夫人传》……一个孩子的心中一旦把其中一个人类最杰出的人物视为崇拜者后，这个孩子的奋进动力源就会永不枯竭。

当然，我们现在的孩子课业负担已经非常重了，没有时间读书成了不争的事实。若多天天跟书本打交道的孩子并没有真正读过一本书，他们被各种操练挤占了所有的时间。所以，家长和老师若是能做到让孩子在百忙中扎扎实实地读完那么十几本书，这个孩子就已经十分幸运了。这样的书，读过和没读过的孩子终有一天会被时间证明是完全不一样的。我所列出的这份简单的书单，能完全读过的，即便是在我现在这个班里，那几个以海量阅读为傲的孩子也找不到一个。但是这些书名他们是烂熟于心的，我常常跟他们在课堂上聊这些书中的情节，聊这些作者的心酸历程和逸闻轶事。因为我深信，小学六年里，他们即便错过了细读其中某一本的机会，以后在某一个时刻邂逅那熟悉的书名，也一定会情不自禁地轻轻揭开它……那些似曾相识的文字气息会在他们的心灵深处响起久违的乐章，令他们在某个阳光婆娑的午后陶醉其中……

这也是功德，是播种的功德。

⑦ 是否有方便老师、家长、学生使用的素读教材？

在经典素读的教材方面，中华书局编辑出版的《中华经典素读本》（1—12 册）就是为了配合经典素读教学法而编选的一套试用教材。

这套书共选 15 万字，目前已经配齐了全部文字的吟诵、朗读音频，以及经典素读教学法的观摩课、示范课等教学视频，对于当前中小学语文教学当中存在的诸如基础语文教学篇目选择缺乏阅读坡度、不适宜记诵等问题有很好的补充意义。

这套读本在我看来还有以下几个优点：一是价格便宜但容量很大；二是适宜学生素读；三是编排上相对完善，拼音可信。这套读本在编排上采用楷体大字、加注拼音排版。通假字、异体字在右下角标注本字，用黑体呈现。篇目编选上注重系统性和层次性，主要选取优秀传统文化中流传广、有生命力、便于诵读的文段，由低年段到高年段按照蒙学识字、诗律、文化常识、儒家经典、诸子百家、中华美文等分类层递编排。为保证文本质量，均选择最可靠的整理本作为参考依据，相较市面上鱼龙混杂、良莠不齐的各种读本，这套读本是质量相对最好的一套版本。

《中华经典素读本》（1—12 册，陈琴主编，中华书局出版）编选序列、层次：

年　级	课程安排
一年级上学期	《三字经》、《百家姓》、《千字文》、《弟子规》、《声律启蒙》
一年级下学期	唐诗 88 首、宋词 41 首、元曲 9 首
二年级上学期	《幼学琼林》节选、《孝经》
二年级下学期	《诗经·国风》73 首、《诗经·小雅》15 首
三年级上学期	《论语》（学而篇到先进篇）
三年级下学期	《论语》（先进篇到尧曰篇）

四年级上学期	《大学》、《中庸》、《礼记》节选
四年级下学期	《尚书》节选、《周易·系辞上》、《左传》节选、《孟子》节选
五年级上学期	《道德经》、《庄子·内篇》节选、《列子·汤问》节选
五年级下学期	《管子·弟子职》、《孙子兵法》节选、《墨子》节选、《荀子》节选、《韩非子》节选
六年级上学期	中华美文先秦到隋段37篇
六年级下学期	中华美文唐到清段39篇

　　根据教师的教学需求，中华经典素读教学研究中心将定期为《中华经典素读本》实验学校开展专门师资培训，邀请全国名师做专题讲座和教学观摩示范课，从素读的教学理论、教学实践、教学评估、课堂教学案例、示范课、观摩课等方面对经典素读教学法进行全方位的培训。

❼❶《中华经典素读本》有无教学参考书目？

《中华经典素读本》教学参考书目简要列举如下：

《中华经典素读本》参考书目资料一览表		
序号	参考书目篇名	备注
1	李逸安《三百千弟》	中华书局版
2	岳麓《三字经》	传统蒙学丛书
3	岳麓《百家姓》	传统蒙学丛书
4	岳麓《千字文》	传统蒙学丛书
5	岳麓《增广贤文·弟子规》	传统蒙学丛书
6	岳麓《声律启蒙》	传统蒙学丛书
7	顾青《唐诗三百首》	中华书局版
8	上辞《唐诗鉴赏辞典》	集体编写
9	吕明涛《宋词三百首》	中华书局版
10	上辞《宋词鉴赏辞典》	集体编写
11	隋树森《全元散曲》	中华书局版
12	上辞《元曲鉴赏辞典》	集体编写

13	岳麓《幼学琼林》	传统蒙学丛书
14	胡平生《孝经译注》	中华书局版
15	周振甫《诗经译注》	中华书局版
16	程俊英《诗经注析》	中华书局版
17	孔颖达《毛诗正义》	中华书局、上海古籍、北大版
18	杨伯峻《论语译注》	中华书局版
19	金良年《论语译注》	上海古籍版
20	孙钦善《论语本解》	三联书店版
21	朱熹《四书章句集注》	中华书局版
22	顾颉刚、刘起釪《尚书校释译论》	中华书局版
23	王文锦《礼记译解》	中华书局版
24	吕友仁《礼记全译》	贵州人民版
25	杨伯峻《孟子译注》	中华书局版
26	金良年《孟子译注》	上海古籍版
27	周振甫《周易译注》	中华书局版
28	杨伯峻《春秋左传注》	中华书局版
29	陈鼓应《老子注译及评介》	中华书局版
30	陈鼓应《庄子今注今译》	中华书局版
31	杨柳桥《庄子译注》	上海古籍版
32	军事科学院理论组《孙子兵法译注》	中华书局版
33	李零《孙子译注》	中华书局版
34	杨伯峻《列子集释》	中华书局版
35	王先谦《荀子集解》	中华书局版
36	杨柳桥《荀子诂译》	齐鲁书社版
37	黎翔凤《管子校注》	中华书局版
38	王先慎《韩非子集解》	中华书局版
39	吴调侯《古文观止》	中华书局、上海古籍版
40	《古文鉴赏辞典》	上海辞书版

72 您提倡的经典素读课程为什么还包含许多外围课程？

我教书二十二年，一直从事小学语文教学和班主任工作，我提倡的经典素读课程是还包含着很多的外围课程的，比如我把专家或家长或社会人士请进课室给孩子们授课，有的甚至不是老师，是各个行业上的一般人员，我从来不认为一个语文老师只依赖一册教材就能把学生教好啦。我把外围课程引进课室，其实就是为了把孩子们的世界变大，让课室延伸到世界的各个层面。因为，语文就是人生。

🈏 经典素读课程仅仅是在小学阶段吗？有没有可延续性？

这是目前我最担忧的。因为小学六年，我们的孩子毕业后却没有继续巩固在小学诵读过的内容，很容易会忘掉。而有些孩子尽管没忘，但一到中学就陷入了另一套教学模式，不允许读课外书，不允许读跟考试没有直接关系的书，孩子一下就变得无所适从。我的一些学生到中学后，普遍抗拒中学语文老师的教法。但即便如此，语文依然是他们最不怕考试的科目。这就是童子功。

我目前所在的学校领导非常重视，已经接受我"十二年"的课程规划模式：小学六年、初中三年、高中三年，我们都有相应的素读课程，互不冲突，前后一致。十二年之后，我们相信，这批经过经典素读训练的学生自然会不同凡响。

🈏 有人说"陈琴是唯一的，不可复制的"，这个问题您怎么看？

这太迷信啦。我恰恰认为：我不仅是可以被复制的，而且我的课程也是可以被修正、被完善的。我毕竟是一个初步的个体探索行为，如果有人愿意尝试改进自己的课堂理念和形式，愿意借鉴我的实践经验，并主动去尝试，将来一定会有很多超越我的创新之举。我十分期盼有更多的人能超越我，所以，每次在各地讲课，我都会把课件留下来，我都会把自己的联系方式告诉大家。我收到老师们的"请教"邮件，总是很认真地回复。因为，我欣喜地看到，有许多的老师愿意跟我来，并有信心做得更好。

就这几年的实际情况来说，这几年来全国在经典素读方面做得好的老师已经很多，尤其是以彭弘老师、林美娟老师、张琳红老师为代表的几位，她们目前在这方面都已经做得很不错，她们都在自己的课堂教学中进行了很多创新和卓有成效的探索工作，而且相信她们会做得更好。现在也不断地有老师来到我所在的小学，跟着我们班上的孩子们，一起从小学生做起，学习素读。教师们从全国各地不远千里赶来，都是非常坚定的经典素读教学的践行着。长江后浪推前浪，我相信会有越来越多的人能超越我。

附：音像篇目录

中华经典素读教学音视频集粹

◎ DVD1
中华经典素读教学法综述

001. 中华经典素读教学理论与实践（上）

002. 中华经典素读教学理论与实践（中）

003. 中华经典素读教学理论与实践（下）

004. 陈琴的"素读"传奇

◎ DVD2
中华经典素读教学公开课（一）

001. 经典素读教学法观摩讲解课

002. 《绝句·两个黄鹂鸣翠柳》素读课程教学示范

003. 《诗经·国风·卫风·木瓜》素读、吟诵教学示范

004. 《诗经·国风·王风·黍离》素读、吟诵教学讲解

◎ DVD3
中华经典素读教学公开课（二）

005. 《凉州词》素读课程教学示范

中华经典素读教学常规课

001. 《正气歌》素读常规课实录

002. 《白雪歌送武判官归京》素读常规课实录

003. 《诗经·小雅·鱼藻之什·绵蛮》素读常规课实录

004. 二十八星宿素读教学素读常规课实录

005. 《庐山谣寄卢侍御虚舟》素读常规课实录

006. 讲解《老子》1–7 章素读常规课实录

007. 复习《弟子规》教学实录

中华经典素读晨读过程与方法

001. 晨读过程与方法（《下终南山过斛斯山人宿置酒》）

002. 21 堂诗文吟诵晨读课实录

◎ **DVD4**

中华经典素读成果展示

001. 《鹊踏枝·槛菊愁烟兰泣露》吟诵表演

002. 《诗经·国风·卫风·木瓜》吟诵表演

003. 《清明》吟诵表演

004. 《枫桥夜泊》吟诵表演

005. 《橘颂》吟诵表演

006. 《木瓜》吟诵表演

007. 《三字经》《正气歌》吟诵表演

008. 《一剪梅·红藕香残玉簟秋》吟诵表演

009. 《水调歌头·明月几时有》吟诵表演

010. 经典与艺术教育亲子诵读晚会

中华经典素读课外风采、亲子共读

001. 亲子诵读沙龙

002. 学生课外素读活动实录 1

003. 学生课外素读活动实录 2

004. 学生课外吟诵、讲故事、书法活动实录

005. 学生日常吟诵

006. 亲近自然亲子活动

◎ **DVD5**

中华经典素读教学师资成长营实践汇报（一）

001. 一线教师经典素读教学经验分享

002. 全国经典素读教学实践成果汇报（上）

◎ DVD6
中华经典素读教学师资成长营实践汇报（二）
003. 全国经典素读教学实践成果汇报（下）
004. 经典素读教学实践问答

◎ MP3
陈琴吟诵、朗诵集粹（173首）
001. 诗经·国风·周南·卷耳〔先秦〕 陈琴吟诵
002. 诗经·国风·周南·螽斯〔先秦〕 陈琴吟诵 ＊
003. 诗经·国风·周南·桃夭〔先秦〕 陈琴吟诵
004. 诗经·国风·周南·汉广〔先秦〕 陈琴吟诵
005. 诗经·国风·邶风·击鼓〔先秦〕 陈琴吟诵
006. 诗经·国风·卫风·淇奥〔先秦〕 陈琴吟诵
007. 诗经·国风·卫风·木瓜〔先秦〕 陈琴吟诵1
008. 诗经·国风·卫风·木瓜〔先秦〕 陈琴吟诵2 ＊
009. 诗经·国风·王风·黍离〔先秦〕 陈琴吟诵
010. 诗经·国风·齐风·东方之日〔先秦〕 陈琴吟诵
011. 诗经·国风·齐风·南山〔先秦〕 陈琴吟诵
012. 诗经·国风·魏风·硕鼠〔先秦〕 陈琴吟诵
013. 诗经·国风·秦风·蒹葭〔先秦〕 陈琴吟诵1 ＊
014. 诗经·国风·秦风·蒹葭〔先秦〕 陈琴吟诵2
015. 诗经·国风·豳风·七月〔先秦〕 陈琴吟诵
016. 诗经·小雅·鹿鸣之什·鹿鸣〔先秦〕 陈琴吟诵
017. 诗经·小雅·鹿鸣之什·常棣〔先秦〕 陈琴吟诵
018. 诗经·小雅·南有嘉鱼之什·蓼萧〔先秦〕 陈琴吟诵
019. 诗经·小雅·节南山之什·节南山〔先秦〕 陈琴吟诵
020. 诗经·小雅·谷风之什·蓼莪〔先秦〕 陈琴吟诵 ＊
021. 诗经·小雅·谷风之什·鼓钟〔先秦〕 陈琴吟诵
022. 诗经·大雅·生民之什·假乐〔先秦〕 陈琴朗诵
023. 论语·学而篇第一〔先秦〕 陈琴吟诵1 ＊
024. 论语·学而篇第一〔先秦〕 陈琴吟诵2

025. 论语·学而篇第一〔先秦〕 陈琴朗诵

026. 论语·为政篇第二〔先秦〕 陈琴朗诵

027. 论语·八佾篇第三〔先秦〕 陈琴朗诵

028. 大学·明德章（节选）〔先秦〕 陈琴吟诵

029. 大学·明德章〔先秦〕 陈琴朗诵

030. 大学〔先秦〕 陈琴朗诵

031. 道德经（节选）〔先秦〕 陈琴朗诵

032. 庄子·逍遥游〔战国〕庄子 陈琴吟诵 *

033. 庄子·逍遥游〔战国〕庄子 陈琴朗诵

034. 楚辞·九章·橘颂〔战国〕屈原 陈琴吟诵

035. 楚辞·离骚（节选 1）〔战国〕屈原 陈琴吟诵 *

036. 楚辞·离骚（节选 2）〔战国〕屈原 陈琴吟诵 *

037. 楚辞·九歌·东皇太一〔战国〕屈原 陈琴吟诵 *

038. 楚辞·九歌·礼魂〔战国〕屈原 陈琴吟诵

039. 汉乐府·上邪〔汉〕 陈琴吟诵 *

040. 短歌行〔三国〕曹操 陈琴吟诵 *

041. 诫子书〔三国〕诸葛亮 陈琴吟诵 *

042. 七步诗〔三国〕曹植 陈琴吟诵

043. 兰亭集序〔晋〕王羲之 陈琴吟诵 *

044. 归园田居（其一）〔晋〕陶渊明 陈琴朗诵

045. 桃花源记〔晋〕陶渊明 陈琴吟诵

046. 归去来兮辞〔晋〕陶渊明 陈琴吟诵 1

047. 归去来兮辞〔晋〕陶渊明 陈琴吟诵 2 *

048. 归去来兮辞〔晋〕陶渊明 陈琴朗诵

049. 五柳先生传〔晋〕陶渊明 陈琴吟诵

050. 与朱元思书〔南朝〕吴均 陈琴吟诵

051. 千字文（节选）〔南朝〕 陈琴吟诵

052. 千字文〔南朝〕 陈琴朗诵

053. 木兰辞〔北朝〕 陈琴吟诵 *

054. 敕勒歌〔北朝〕 陈琴吟诵

055. 送杜少府之任蜀州〔唐〕王勃 陈琴吟诵

056. 春江花月夜〔唐〕张若虚 陈琴吟诵 1 *

057. 春江花月夜〔唐〕张若虚 陈琴吟诵 2

091. 丹青引·赠曹将军霸〔唐〕杜甫 陈琴吟诵

092. 春夜喜雨〔唐〕杜甫 陈琴朗诵

093. 绝句（迟日江山丽）〔唐〕杜甫 陈琴朗诵

094. 梦李白（其二）〔唐〕杜甫 陈琴吟诵

095. 白雪歌送武判官归京〔唐〕岑参 陈琴吟诵

096. 城东早春〔唐〕杨巨源 陈琴朗诵

097. 杏花村〔唐〕杨巨源 陈琴朗诵

098. 渔歌子〔唐〕张志和 陈琴吟诵

099. 秋思〔唐〕张籍 陈琴吟诵＊

100. 早春呈水部张十八员外（其一）〔唐〕韩愈 陈琴朗诵

101. 春游曲〔唐〕王涯 陈琴朗诵

102. 池上〔唐〕白居易 陈琴吟诵＊

103. 琵琶行〔唐〕白居易 陈琴吟诵

104. 忆江南（三首）〔唐〕白居易 陈琴吟诵1

105. 忆江南（三首）〔唐〕白居易 陈琴吟诵2

106. 乐天见示伤微之敦诗晦叔三君子皆有深分因成是诗以寄〔唐〕
     刘禹锡 陈琴吟诵

107. 春词〔唐〕刘禹锡 陈琴朗诵

108. 陋室铭〔唐〕刘禹锡 陈琴吟诵1

109. 陋室铭〔唐〕刘禹锡 陈琴吟诵2（笑傲江湖调）

110. 悯农（其一）〔唐〕李绅 陈琴吟诵

111. 题弟侄书堂〔唐〕杜荀鹤 陈琴吟诵

112. 虞美人〔五代〕李煜 陈琴吟诵

113. 三字经（节选）〔宋〕 陈琴吟诵1

114. 三字经（节选）〔宋〕 陈琴吟诵2＊

115. 百家姓（节选）〔宋〕 陈琴吟诵＊

116. 蝶恋花〔宋〕柳永 陈琴吟诵

117. 观海潮〔宋〕柳永 陈琴朗诵

118. 苏幕遮〔宋〕范仲淹 陈琴吟诵

119. 渔家傲〔宋〕晏殊 陈琴吟诵

120. 踏莎行〔宋〕晏殊 陈琴吟诵

121. 玉楼春〔宋〕宋祁 陈琴吟诵

122. 生查子·元夕〔宋〕欧阳修 陈琴吟诵

156. 上元竹枝词〔清〕符曾 陈琴吟诵
157. 大观楼长联〔清〕孙髯 陈琴吟诵
158. 大观楼长联〔清〕孙髯 陈琴朗诵
159. 竹石〔清〕郑燮 陈琴吟诵
160. 所见〔清〕袁枚 陈琴吟诵
161. 己亥杂诗〔清〕龚自珍 陈琴吟诵
162. 沁园春·长沙〔现代〕毛泽东 陈琴吟诵
163. 沁园春·雪〔现代〕毛泽东 陈琴吟诵
164. 蝶恋花·答李淑一〔现代〕毛泽东 陈琴吟诵★
165. 沙扬娜拉·赠日本女郎〔现代〕徐志摩 陈琴吟诵
166. 你是人间的四月天〔现代〕林徽因 陈琴吟诵
167. 我爱这土地〔现代〕艾青 陈琴吟诵
168. 乡愁四韵〔当代〕余光中 陈琴吟诵
169. 出塞曲〔当代〕席慕蓉 陈琴吟诵
170. 面朝大海春暖花开〔当代〕海子 陈琴吟诵
171. 假如生活欺骗了你〔俄罗斯〕普希金 陈琴吟诵
172. 如果我能让一颗心免于破碎（改编）〔美〕狄金森 陈琴吟诵
173. 神奇的书〔美〕艾米莉·狄金森 陈琴吟诵

◎ **CD**
陈琴吟诵精选（33首）
（精选的33首为陈琴吟诵、朗诵集粹中加★曲目）